アレンジ自在で毎日おいしい!

おかずのもと

こてらみや

SE SHOEISHA
QURASHI BOOKS

はじめに

おいしいものが食べたいけれど、

「仕事が忙しくてごはんを作る時間もココロの余裕もない」

「買ってきた食材を使い切れなくて、ムダにしてしまう」

「常備菜の作りおきは便利だけど、食べきれないし、飽きちゃった」

と、仕事や子育てに追われている人にとって、ごはん作りの悩みはつきません。

食の仕事に携わる私でさえ、忙しいときのごはん作りは、
いかに手早く、おいしいものを作るかが最大のテーマなのです。

私は忙しいときのごはん作りを簡単にするために、
欠かさず仕込んで冷蔵庫にストックしているものがあります。
それが、今回この本でご紹介する「おかずのもと」です。
「おかず」を作るための「もと」があることで、下ごしらえの手間が省け、
調理時間も短縮できるようになり、今ではごはん作りがスムーズになりました。
「おかずのもと」は例えるなら、４００ｍ走のスタートを、
ずるして１００ｍ先から「よーいドン」で走るようなものでしょうか。

FORTNUM & MASON
BLUE STILTON
CHEESE

この本では、私のお気に入りの「おかずのもと」の中から、
特に作りやすくて使いやすい10品を紹介しています。
どれもシンプルな味付けで、そのままでも食べられるし、
和、洋、中、エスニックと、どんな料理とも相性がよく、アレンジ自在です。

オットが急に食べたくなる「オムライス」や「竜田揚げ」、
お酒のあてに「もやしのごちそうナムル」や「マサラチキン」、
温かいものが食べたいなら「キャベツとトマトの重ね煮」や「きのこ豚汁」、
などなど、「おかずのもと」があると、少しの材料をプラスするだけで
「これ食べたい！」「あれ食べたい！」が、あっという間にかなうのです。

それに「おかずのもと」があると、献立を考えるのも楽ちんだし、
何を買い足せばいいのかもすぐにわかります。

時間に余裕ができたときや、やる気があるときに
ためしにひとつ、「おかずのもと」を作ってみませんか？
きっといつものごはん作りがぐんと楽になって、
ますますお料理が楽しくなると思います。

もくじ

ちょっと手を加えるだけでいろんな料理に生まれ変わる！おかずのもと10品　11

ARRANGED RECIPE

わが家のゴールデンメニュー11品　33

「おかずのもと」を作る前に

おかずのもとを長く保存するには、調理の仕方や保存容器の選び方など、いくつか知っておいてほしいことがあります。ちょっとしたことで保存性がぐんとよくなるので、調理前に目を通しておいてください。

調理道具と保存容器は清潔第一

調理に使う包丁やまな板などの道具類はもちろん、おかずのもとを入れる保存容器は清潔なものを使いましょう。とくに湿度の高い梅雨時や真夏は雑菌が繁殖しやすいので、熱に強い素材のものであれば、熱湯をまわしかけて消毒するか（やけどに注意!）、アルコール度数の高い（35度以上）ホワイトリカーや食品用のアルコールスプレーで消毒すると安心です。調理前の手洗いも念入りにしておきましょう。

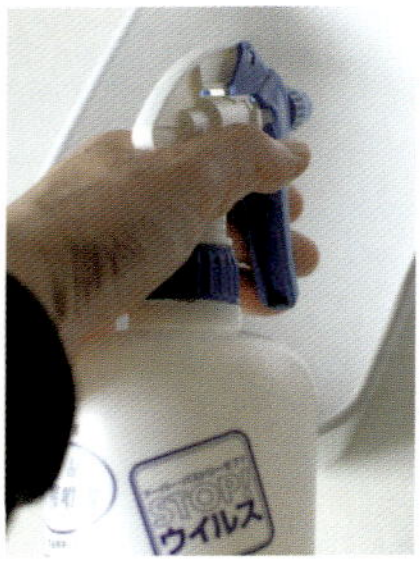

保存するための容器について

《ガラス製の容器》
ふたを開けなくても中身が確認できるガラスびんは、使い勝手のいい保存容器です。プラスチックやシリコン製の保存容器のように色や匂いがつかないので、気持ちよく使えます。ただ、冷蔵庫に入るサイズのびんは、口径が小さく容量も大きくないので、大量の食材や大きな塊の食材を入れるには不向きです。

《ホーロー製の容器》
ガラスびんに入らない食材を保存するときは、ホーロー製の容器を使います。電子レンジにはかけられませんが、ふたを外せば直火にかけられるので、再加熱をしたいときに便利です。

ガラスと同様に匂いがつかず、変色もほとんどありません。

《厚手のポリ袋》
ちょうどいい大きさの保存容器がない場合は、厚手（0・06㎜ぐらい）の丈夫なポリ袋を

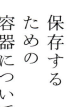

使うと便利です。私も塩玉キャベツ（P16）をたくさん仕込むときは、すぐ使う分は冷蔵庫に入る大きさのびんに入れて、残りはポリ袋に入れて冷蔵庫で保存し、びんに入れた分がなくなったら補充するようにしています。厚手のポリ袋はホームセンターなどで購入できます。

おかずのもとを長持ちさせるコツ

保存容器に入れたおかずのもとを長持ちさせるコツは、〝空気との接触面をできるだけ少なくする〟ことです。

ピクルスのように液体に漬けるものは、具材が液から飛び出さないようにするか、写真（左）のようにポリ袋に入れて空気を抜くようにして口を閉じれば、食材が空気に触れないので保存性が高まります。ただ、形状に安定性がないのと、汁漏れの恐れがあるので、さらに容器に入れておく必要があります。

汁気がないものは、表面をラップで覆って空気を抜くように軽く押さえ、落としぶたのようにしておくと空気に触れる面積が減り、傷みにくくなります。

保存期間について

おかずのもとの各ページに記した「保存期間の目安」は、私が今まで作ってきた経験上、おいしく食べられると判断した期間を表記しています。

ただ、同じものでも保存容器の消毒の仕方や、作る時季、使う材料の鮮度や水分量、作る環境によっても保存期間は変わってきます。保存期間内であっても変な匂いがしたり、色が変わったりカビが生えたりと、見た目が明らかにおかしいと思ったら、自分の目と舌を信じて、もったいないと思わずに廃棄してください。

おかずのもとの使い方

本書では、10品のおかずのもとと、それらを使って作る62品のアレンジレシピを紹介しています。基本的には、アレンジレシピ1品におかずのもと1品を使っていますが、おかずのもとを数種類組み合わせると、アレンジの幅がぐんと広がることを伝えたくて、2品のおかずのもとを使ったアレンジレシピも一部紹介しています。

最初はこの本の通りに作ってみて、慣れてきたらいろいろな組み合わせでアレンジメニューを作ってみてください。何度も作っていくうちに、自分だけのオリジナルレシピがたくさんできていくと思います。

計量について

1カップ＝200mℓ
1合＝180mℓ
大さじ1＝15mℓ
小さじ1＝5mℓ

すべてすりきりで計量しています。

だしのこと

レシピ中で「だし」と表記しているものは、昆布とかつお節で取っただしです。調理のたびにだしを取るのは大変ですから、時間のあるときにまとめて取っておきましょう。自分が使いやすい分量に小分けにして冷凍保存しておくと、すぐに使えて便利です。

昆布とかつおのだし

［材料（約1・5ℓ分）］
水　2ℓ
昆布　20cm
かつお削り節　60g

［作り方］
1　昆布の表面をさっと拭き、水とともに鍋に入れて1時間ほどおく。
2　1を弱めの中火にかけてゆっくり沸かす。
3　昆布のふちから細かい泡がぽつぽつとあがってくるようになったら、煮立つ直前に引き上げる。
4　お玉1杯分の水を加えてから、かつお削り節を入れて箸で軽く沈める。煮立つ前に火を止めて1分おいてから、さらしを敷いたザルでこす。

ちょっと手を加えるだけで
いろんな料理に生まれ変わる！

おかずのもと

10品

アレンジが利いて、調理の時短にも役立つ
便利な「おかずのもと」を作ってみましょう。

おかずのもと

1 醤油ミンチ

ひき肉は、他の材料と混ぜて使うとボリュームが出せるし、調理で形や食感も変えられるので、家庭料理には欠かせない食材です。しかもお安くて家計にやさしいのもありがたいですね。ただ、ブロック状のお肉よりも傷みやすいのが玉にキズ。すぐに使わないときは、醤油ミンチにして保存しましょう。ひき肉に日本酒と醤油を加えて、水分を飛ばしながら、脂が染み出てくるまでしっかりと炒めるのが保存を利かせるポイントです。

醤油で味付けをしているのですが、不思議なことに和洋中、エスニックと、どんなジャンルの料理にも使えるので重宝します。そして醤油ミンチが威力を発揮するのは、時間がないときのおかず作り。お肉を切ったり、まな板を洗う手間はなく、スプーンですくってすぐに使えるので、わが家では冷凍保存したお肉よりも使用頻度が高いおかずのもとです。

材料（作りやすい分量）

豚ひき肉　500g

日本酒・醤油　各大さじ2

サラダ油　大さじ1

作り方

1. 中火で熱したフライパンにサラダ油を入れてひき肉をほぐしながら炒める。
2. ひき肉がほぐれて色が変わってきたら、日本酒と醤油をまわし入れ、強火にしてさらに炒める。
3. 濁っていた水分が飛んで、澄んだ脂が染み出してきたら火から下ろす。粗熱が取れてから清潔な保存容器になるべくすき間ができないように詰めて、冷蔵庫で保存する。

point

ひき肉を炒めるときのジュワジュワという音が、ピチピチという音に変わってきたら水分が飛んだ合図。

ARRANGED RECIPE

ソース焼きめし

P35

オムライス

P42

そぼろ肉じゃが

P44

マッシュポテトのグラタン

P60

保存期間の目安
冷蔵庫で約10日間

もやしのごちそうナムル
P70

サラダごはん
P95

麻婆丼
P98

汁なし担々麺
P102

スティックサモサ
P114

おかずのもと

2 ねぎきのこ

数種類のきのこを昆布や長ねぎと一緒に煮た、旨みたっぷりのおかずのもとです。きのこは水分が多くて傷みやすいので、味をつけて加熱しておくと日持ちがするし、すぐに調理に使えるので便利です。それに、火を通せばかさも減るので、冷蔵庫のスペースをきのこに占領されることもありません。

材料のきのこは、1種類だけでも作れますが、数種類を合わせて作るほうが旨みが増すし、いろいろな食感が混ざり合っておいしくなります。また、長ねぎは、青い部分を使うとねぎの風味が出すぎるので、白い部分だけを使いましょう。青い部分は、ゆで豚（P22）やゆで鶏（P24）を仕込むときや、炒めものに使えばムダがありません。

ねぎきのこは、この本で紹介しているレシピ以外にも炊き込みごはんやあえものなどに使えるので、たっぷり仕込んでおきましょう。

材料（作りやすい分量）

しいたけ、しめじ、
エリンギ、舞茸、
えのきだけなど
お好みで　500g

長ねぎ
1本（白い部分のみ使う）

昆布　10cm

水　500ml

A
同割りだれ（薄口）※　大さじ3
塩　小さじ1と1/2

※同割りだれはP74参照

作り方

1 鍋に水と2cm角に切った昆布を入れ、2時間（できればひと晩）おく。

2 エリンギとしいたけは薄切り、しめじと舞茸はほぐす。えのきだけは3cmの長さに切る。

3 長ねぎは2mmの小口切りにする。

4 1にAと2を入れて中火にかける。ひと煮立ちしたら3を加えてざっと混ぜ合わせてふたをして弱火で10分、ふたを取ってかき混ぜ、さらに5分加熱する。

5 粗熱が取れたら清潔な保存容器に入れて冷蔵庫で保存する。

point

使うきのこは好みのものでOK。ただ、それぞれ食感や味の違いがあるので、3種類以上合わせるのがおすすめ。

ARRANGED RECIPE

きのこ肉豆腐 P48

きのこだし巻き P51

きのこと白身魚の香り蒸し P66

きのこ豚汁 P89

保存期間の目安

冷蔵庫で約10日間

きのことミニトマトのスパゲッティ

P106

おかずのもと 3

塩玉キャベツ

キャベツを1個買ってきたものの、すぐに使わないときは、保存が利いてアレンジも利く塩玉キャベツにしてしまいましょう。細切りにしたキャベツと、薄切り玉ねぎに塩をまぶしてびんに詰めるだけ。こうしておくと、調理のたびに刻む手間も省けます。キャベツがしんなりして、かさが減るぶんたっぷり食べられ、野菜不足のときに重宝します。

仕込んで10日ぐらいは〝玉ねぎ入りの塩もみキャベツ〟といった感じですが、2週間ほどおいておくと、乳酸発酵が始まって酸味と旨みが出てきます。そう、ソーセージの付け合わせの定番〝ザワークラウト〟のように変化していくのです。酸っぱくなったキャベツは、ホットドッグ（P118）やキャベツとトマトの重ね煮（P86）にぴったり。ぜひお試しください。

材料（キャベツ1個分）

キャベツ　1個(1kg)
玉ねぎ　1個(300g)
塩　大さじ1と2/3
（キャベツと玉ねぎの重量の2%）

作り方

1 キャベツは外側の傷んだ部分を取り除く。縦半分に切ってから芯を取り、繊維に沿って5㎜の太さに切る。玉ねぎも縦半分に切ってから繊維に沿って3㎜の薄切りにする。

2 キャベツと玉ねぎを合わせて重さを量り、重量の2%の塩を用意する。キャベツと玉ねぎをボウルに入れてざっと洗い、水を捨てたところに（水気は残っていてもいい）塩を加えてよく混ぜ合わせる。

3 1時間ほどおいてしんなりとしたら、清潔なびんに押し込むようにして汁ごと詰める。キャベツの表面を覆うようにラップで落としぶたをして、冷蔵庫で保存。その日から食べられる。

point

漬けたて(左)と2週間ほど経ったもの(右)。キャベツを取り出すときは清潔な箸を使う。

ARRANGED RECIPE

キャベツバーグ P38

お好み焼き P40

キャベツとツナのあえもの P50

コールスロー P78

保存期間の目安
冷蔵庫で約1か月

キャベツとトマトの重ね煮
P86

ホットドッグ
P118

ハムキャベサンド
P122

おかずのもと 4

じゃがいもと玉ねぎのバタ蒸し煮

どんな料理にも使いやすいじゃがいもと玉ねぎは、家庭料理には欠かせない食材です。そしてなんといっても、ボリューム感が出るのがこの野菜のいいところ。この2つを使った「バタ蒸し煮」はわが家でも、常に冷蔵庫でスタンバイしています。

シンプルな見た目通り、使う調味料も、塩とバターとオリーブオイルだけ。できたてのほっかほかは、黒こしょうをガリッとかけただけでもおいしいし、アンチョビを添えてワインのおつまみにしてもよく合います。余計な味付けをしていないので、ポテトサラダ（P80）やポタージュ（P85）、春巻の皮を使ったスティックサモサ（P114）など、とにかくアレンジが利きます。冷蔵庫の野菜室の奥にじゃがいもと玉ねぎが入れっぱなしになっていませんか？ 眠らせておかないで、おかずのもとに変身させましょう！

材料（作りやすい分量）

じゃがいも　4個（540g）
玉ねぎ　1/2個
A
- 水　大さじ3
- バター　40g
- 塩　小さじ2/3
- オリーブオイル　大さじ2

作り方

1 じゃがいもは小さめのひと口大に、玉ねぎは繊維に沿って5mmの厚さに切る。

2 厚手の鍋に玉ねぎとじゃがいも、Aを入れてふたをして中火にかける。湯気が出てきたら弱火にしてじゃがいもが柔らかくなるまで火を通す。途中で焦げ付きそうになったら少量の水を足す。最後にふたを取って火を強め、水分を飛ばす。

point

最後は必ず水気を飛ばして粉ふきいものように仕上げる。水気が残ると、サモサやポテトサラダなどのアレンジメニューに向かない。

ARRANGED RECIPE

でんぷんだんご
P46

スパニッシュオムレツ
P56

マッシュポテトのグラタン
P60

大人のポテトサラダ
P80

保存期間の目安

冷蔵庫で約10日間

BRAISED POTATOES & ONIONS

スティックサモサ

P114

じゃがいものポタージュ

P85

おかずのもと 5

ゆで卵と野菜のピクルス

何度もくり返し作っているわが家の定番のおかずのもとです。これがあれば、たまごサンドやタルタルソースがあっという間にできるし、そのままおつまみにしてもおいしいので、いつも冷蔵庫にストックしています。

ゆで卵と一緒に漬け込む野菜に決まりはありませんが、にんにくと玉ねぎはピクルス液をおいしくしてくれるので必須です。この2つをベースにして、あとはきゅうりや大根、にんじんなど、食感のいいものを選ぶようにしましょう。夏ならパプリカ、冬ならカリフラワーと、その季節に出回る旬の野菜を使うのがおすすめです。

このピクルスを使ったアレンジメニューの中には、具材を漬け込んだあとのピクルス液を有効活用できるアドボ（P116）など、始末のよいレシピもあります。保存期間も長いのでたっぷり仕込んでおきましょう。

材料（作りやすい分量）

- 卵　6個
- 玉ねぎ　1/2個
- きゅうり　1本
- 大根　5cm
- にんじん（太い部分）5cm
- にんにく　1かけ
- ディル（生）　1〜2本
- A
  - 酢・水　各250ml
  - 塩　小さじ2
  - 砂糖　大さじ1
  - 黒粒こしょう　小さじ1/2
  - マスタードシード　小さじ1
  - ローリエ　1枚

作り方

1 卵は固ゆで※にして殻をむく。玉ねぎは8等分のくし型切りにする。きゅうりは8等分のぶつ切り、大根、にんじんは1・5cm太さの拍子木切りにする。にんにくは3つに切る。

※固ゆで卵…沸騰した湯に冷蔵庫から出したての卵をそっと入れ、再沸騰してから弱めの中火で10分ゆでる。

2 清潔なびんに、ゆで卵と野菜、ディルをなるべくすき間ができないように詰める。

3 Aを鍋に入れて火にかけ、沸騰したら弱火にして1分ほど煮立てる。2のびんに注ぎ入れ、粗熱が取れたらふたをして冷蔵庫で保存する。2日目ぐらいからが食べごろ。

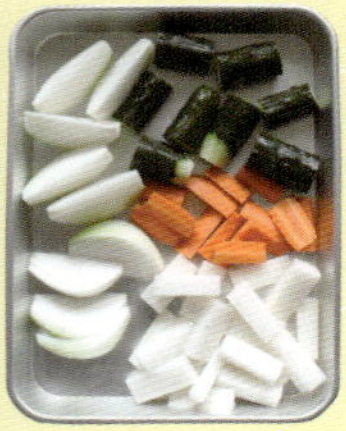

point

野菜は、長さを揃えて切るとびんに詰めやすくなる。玉ねぎは根元を切り落とさないようにしておくとバラバラにならない。

ARRANGED RECIPE

エビとブロッコリーのタルタルサラダ
P79

大人のポテトサラダ
P80

ゆで卵とトマトのバジル炒め
P113

アドボ
P116

保存期間の目安

冷蔵庫で約1か月

たまごサンド

P120

まぐろのブルスケッタ

P121

おかずのもと 6

ゆで豚

ゆで豚を仕込むようになったのは、ある中華料理店に行ったとき、シェフがブロック状のゆで豚を切り出して雲白肉（P65）を作っているのを見てからです。私はそれまで、薄切り肉をさっとゆでて雲白肉を作っていたのですが、ゆで豚を仕込んでおいて、食べる直前にスライスして作ったほうがしっとりとしていて、たれとのなじみがよく、断然おいしかったのです。

ゆで豚は、肉に塩をすりこんで寝かせてからゆでるので、肉の余分な水分が抜けて旨みが増すし、生のままよりも保存が利きます。また、ゆで汁はスープとして使えるし、肉は冷蔵保存することで肉質が締まるので、生では難しい薄切りもしやすくなるなど、いいことづくめ！　しっとり仕上げるには、ゆで上がった肉をすぐに引き上げないこと。ゆで汁の中で完全に冷ましてから使いましょう。

材料（作りやすい分量）

豚肉（バラや肩ロースの塊）1kg
塩　20g（肉の重量の2%）
日本酒　1/2カップ
長ねぎの青い部分　1本分
しょうが（皮付き）　2かけ

作り方

1 豚肉は500gの塊に切り分けて塩をまんべんなくすりこみ、ポリ袋に入れて冷蔵庫でひと晩おく。

2 豚肉を水でさっと洗って鍋に入れ、長ねぎの青い部分とつぶしたしょうが、日本酒とかぶるぐらいの水を入れて強火にかける。

3 沸騰したらアクを取り、肉が常にゆで汁に浸っているように適宜水を足しながら弱火で30〜40分ゆでる。

4 肉に串を刺して赤い汁が出てこなければゆで上がり。ゆで汁に入れたまま冷ます。

5 完全に冷めたら肉はポリ袋に入れて空気を抜いて口を閉じ、冷蔵庫で保存する。ゆで汁はザルでこしてから保存容器に入れて冷蔵庫で冷やす。冷えると脂がかたまり表面に浮いてくるので、取り除く。

point
ゆで汁から取り除いた脂はラードとして炒め物などに使える。

ARRANGED RECIPE

カレーかけめし
P34

しょうが焼き
P36

回鍋肉（ホイコーロー）
P43

豚ねぎ大根
P54

雲白肉（ウンパイロー）

P65

豚キムチ

P69

焼きねぎとわかめのスープ

P88

きのこ豚汁

P89

和風ラーメン

P104

おかずのもと 1

ゆで鶏

鶏肉は肉に含まれる水分量が多く、傷みやすいので、すぐに召し上がらないときには冷凍保存するより、ゆで鶏にするのがおすすめです。冷蔵庫で寝かせる時間と、ゆでたあとで冷ます時間はかかりますが、調理は10分もかかりません。時間があるときに仕込んでおけば、すぐに使えるし、そのまま食べられるように下味をつけているので、ちょっと手を加えるだけでおいしい料理が作れます。しかもゆでた汁は、スープとしても使えるのですから、作らない手はありません。

身をしっとり仕上げるコツは、鶏肉をゆでる前に常温に戻しておくことと、強火でぐらぐらとゆで過ぎないこと。これさえ守れば、誰にでもおいしいゆで鶏が作れます。骨付きのもも肉や、1枚で300g以上ある肉厚のむね肉を使って作るときは、ゆで時間を2分ほど長くしてくださいね。

材料（作りやすい分量）

- 鶏肉（むね・ももなど好みの部位で） 4枚（約1kg）
- 塩 肉の重量の2％
- 水 3リットル
- 日本酒 1/2カップ
- 長ねぎの青い部分 1本分
- しょうが（皮付き） 1かけ

作り方

1. 鶏肉は皮と身の間の脂を取り除いてさっと洗う。水気をふき取り、塩をもみ込んでポリ袋に入れる。冷蔵庫でひと晩寝かせる。
2. 常温に戻した鶏肉の水気をペーパータオルでふき取って鍋に入れる。つぶしたしょうがと長ねぎの青い部分、日本酒と水を入れて強火にかける。
3. 沸騰したら手早くアクを取り、弱火で2分ゆでる。裏返してから鍋にふたをして火から下ろし、そのまま自然に冷ます。
4. 保存容器にゆで鶏を入れ、ゆで汁をこして注ぎ入れ、冷蔵庫で保存する。

point

強火で長時間ゆでると身が固くなるので、手早くアクを取り、弱火で煮たあとはふたをして余熱で中まで火を通す。

ARRANGED RECIPE

竜田揚げ P37

棒棒鶏（バンバンジー） P64

ゆで鶏のマリネサラダ P81

鶏スープ P84

保存期間の目安
冷蔵庫で約1週間

親子丼
P92

鶏そば
P105

フォーガー
P110

カオマンガイ
P111

マサラチキン
P112

おかずのもと 8

オイルサーディン

旬のイワシは脂がのっておいしいうえに、リーズナブルな食材でもあります。それに、刺し身や煮魚、はたまたフライやグリルと、調理法を選びません。ただ、イワシ（鰯）は読んで字のごとく、弱くて傷みやすい魚なので、買ったらすぐに調理するのがお約束です。

イワシをアレンジしやすく、日持ちさせたいときは、私は迷わずオイルサーディンにします。香りづけににんにくとローリエを使いますが、香りが立ち過ぎることはなく、和風のアレンジにもぴったり。オイルに浸して低温でじっくり加熱すれば、身はしっとり、中骨も食べられるほど柔らかく仕上がります。油の温度を上げ過ぎると身が固くなってしまうので気をつけましょう。また、コンロで調理するときは、火の側を離れないようにしてくださいね。

材料（作りやすい分量）

- 真イワシ　10尾
- にんにく　2かけ
- ローリエ　1枚
- サラダ油　適量
- A　塩　50g
- 　　水　500ml

作り方

1. イワシは頭と内臓を取り除き、腹の内側を指先でこすり洗いする。腹を下に向けてザルにあげ、水気を切る。
2. Aを合わせて塩を溶かし、イワシを2時間漬けこむ（気温の高い時季は冷蔵庫に入れる）。
3. イワシの表面とお腹の中の水分をペーパータオルでしっかりとふき取る。
4. オーブンに入れられる鍋かホーローの容器に、イワシとざく切りにしたにんにく、半分にちぎったローリエを入れ、かぶるぐらいの油を注ぎ入れる。
5. 100度のオーブンに入れて3～4時間加熱する。加熱後、表面に浮いた茶色のアクをすくい、冷めてから保存容器に入れて（ホーロー容器で仕込んだときはそのまま）冷蔵庫で保存する。

※オーブンが100度に設定できない場合は、コンロのごく弱火で沸騰させないように2～3時間煮る。

point

腹の中骨に付いた血は、臭みの元になるので丁寧にこすり落とす。

ARRANGED RECIPE

梅しそイワシとなすの油焼き P53

バスク風イワシのオーブン焼き P58

サーディン丼 P94

イワシと梅ごぼうの炊き込みごはん P99

保存期間の目安
冷蔵庫で約1か月

イワシサンド
P123

イワシとセロリのパスタ
P107

おかずのもと 9

パプリカのトマト煮

パプリカは、とろとろになるまで火を通すと、水分が抜けて甘みと香りが増し、とってもおいしくなります。オーブンで焼くだけでも十分ですが、私はアレンジが利くようにトマトと一緒に煮込んでしまいます。

厚手の鍋で蒸し煮にして、最後にパプリカとトマトの水分を飛ばすようにじっくり火を通すのがおいしさのポイント。パプリカが煮崩れないぎりぎりで煮上げることも大切です。トマトソースがベースなので、オレガノやローズマリーなどのハーブも加えたいところですが、和食にもアレンジができるように味付けは塩のみにしておきます。

パンにのせてブルスケッタに、スパニッシュオムレツ（P56）の具材やパスタソースとしても使えます。また、グリルしたお肉やお魚にかければ、ぱっと華やかなおもてなしのひと皿に変身しますよ。

材料（作りやすい分量）

パプリカ（赤・黄お好みで）　4個
玉ねぎ　1個
ホールトマト（水煮）400g
オリーブオイル　大さじ2
にんにくみじん切り　1かけ分
塩　適量

point
仕上がりの目安は、鍋底をヘラですっとなぞったときに、ソースがすぐに広がらないぐらいの濃度に。

作り方

1 パプリカは1㎝幅に、玉ねぎは繊維に沿って3㎜の薄切りにする。

2 厚手の鍋にオリーブオイルとにんにくを入れて弱火にかける。にんにくの香りが出てきたら玉ねぎを加えて透明感が出るまで炒める。

3 パプリカ、手でつぶしたホールトマトを加え、塩小さじ1をふり入れて炒め合わせ、ふたをして中火で10分煮る。ふたを取り、底からかき混ぜるようにしてさらに10分加熱する。

4 トマトが煮崩れてパプリカがしんなりとしていたらふたを取る。強めの中火で底が焦げ付かないように混ぜながら、水分を飛ばすようにして煮る。

5 トマトソースがとろりとしてきたら味をみて、塩で味を調える。

ARRANGED RECIPE

大人のナポリタン
P41

スパニッシュオムレツ
P56

ポークソテー
P57

なすのカポナータ
P62

保存期間の目安
冷蔵庫で約10日間

イタリアン
牛すき丼

P96

おかずのもと 10

玉ねぎのレモンマリネ

この玉ねぎのレモンマリネは、水分が多く傷みやすい新玉ねぎを、長くおいしく楽しめるように、と考えて作るようになりました。スライスした玉ねぎを塩辛くならないギリギリの分量の塩でしんなりさせ、あとはレモン汁と酢、油を混ぜ合わせてマリネにしておくだけ。火も使いませんから簡単にできあがります。すりおろしたレモンの皮の香りがさわやかで、そのままでもおいしいし、サラダに加えて食べれば、1個分でもペロリ！です。

1年のうちでよく仕込むのは、やはり新玉ねぎが出回る春先ごろでしょうか。みずみずしいサラダが無性に食べたくなる時季なので、3個分仕込んでもあっという間になくなります。

玉ねぎから出た汁は、レモン汁や油が混ざり合ってドレッシングのように使えるので、捨てないようにしましょう。

材料（作りやすい分量）

玉ねぎ　3個
レモン（できれば無農薬のもの）　1個
酢　適量
サラダ油　大さじ3
塩　玉ねぎの重量の2%

作り方

1 玉ねぎは縦半分に切ってから、繊維に沿って3㎜の厚さの薄切りにする。レモンはよく洗ってから皮の黄色い部分だけをすりおろす。レモン汁をしぼる。

2 玉ねぎの重さを量り、その重量の2%の塩をまぶして20分おく。

3 レモン汁に酢を足して、100㎖にして2に加える。サラダ油とレモンの皮を入れてよく混ぜ合わせ、保存容器に入れて冷蔵庫でひと晩おいて味をなじませる。

point

レモンの皮は、黄色い皮の部分だけを包丁で薄くそいでから、せん切りにしてもいい。

ARRANGED RECIPE

ししゃもの焼き南蛮漬け P52

タコのカルパッチョ P59

韓国風じゃこやっこ P68

パンサラダ P76

保存期間の目安

冷蔵庫で約10日

春菊とお揚げさんのサラダ

P77

ゆで鶏のマリネサラダ

P81

column 1

あると便利な道具類いろいろ

おかずのもとを作るときに、あると便利な道具を紹介します。

計量道具

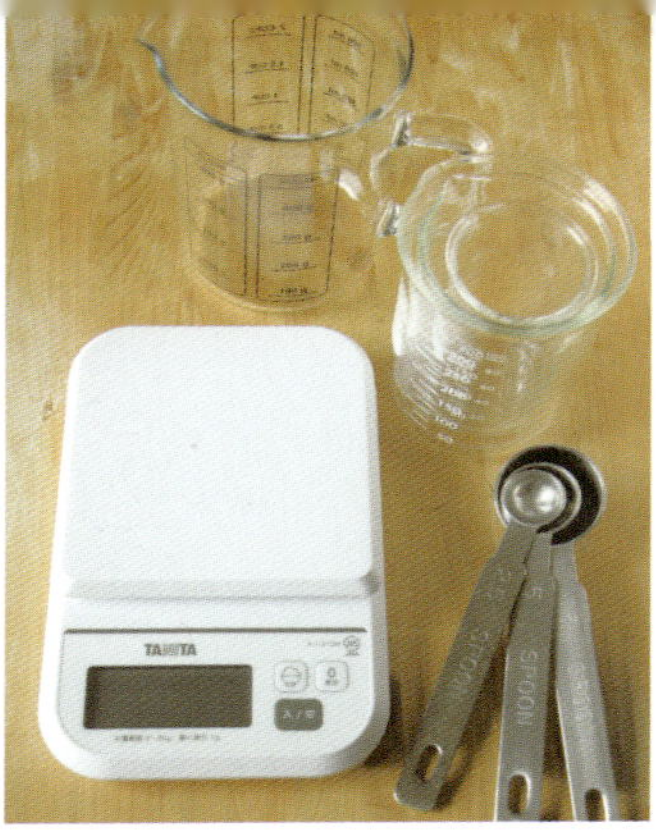

おかずのもとをおいしく作るには、計量が大切です。計量スプーンや計量カップの他に、グラム単位で計量できるデジタルはかりがあると便利です。

厚手のホーロー鍋

厚手のホーロー鍋は、ふたが重くて蒸気が逃げにくく、少ない水分で蒸し煮をするときや、予熱でゆっくり火を通したいときに最適です。

ヒートシーラーとナイロンポリの袋

専用の袋に食材を入れ、熱線が通った大きなクリップで挟んでスイッチを入れると、ピッタリと接着できるというスグレモノです。私は、ゆで鶏やゆで豚をまとめて仕込んだときに、ゆで汁ごと袋に入れて冷凍庫で保存しています。

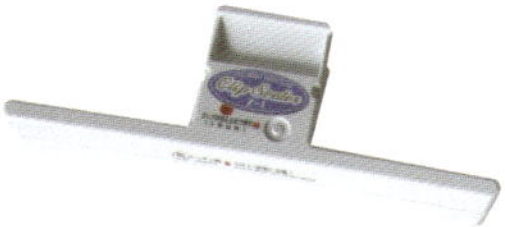

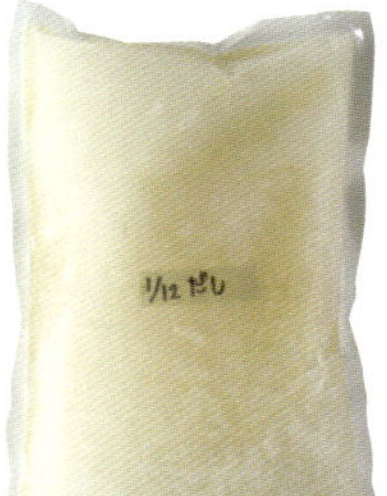

袋にはいろいろなサイズがあり、湯煎できるタイプもあるので、カレーやソース、だしの保存にも最適です。

おかずのもと
で作る
アレンジレシピ

わが家のゴールデンメニュー11品

夕食に、ランチに、おつまみに……。
食べたいときに手早く作れる絶品定番料理が勢揃い！

ゆで豚から

カレーかけめし

無性にカレーが食べたくなったときに作るのが、この中華風のカレーどんぶり。厚めに切ったゆで豚にはすでに火が通っているので手早く作れるし、食べごたえも満点です。

point

カレー粉は焦がさないようにじっくり炒めて香りを出す。

材料（2人分）

ゆで豚　140g
ごはん　どんぶり2杯
サラダ油　大さじ1
玉ねぎ　1/2個
ピーマン　1個
しょうがスライス　3枚
カレー粉　大さじ1
ケチャップ　大さじ1
ごま油　小さじ1

A
ゆで豚のゆで汁　大さじ4
水　300ml
醤油　大さじ1と1/2
砂糖　小さじ2

水溶き片栗粉
片栗粉・水　各大さじ1

作り方

1 ゆで豚は5㎜の厚さに切ってから食べやすい大きさに切る。玉ねぎとピーマンはざく切り、しょうがはせん切りに。**A**を合わせて砂糖を溶かす。

2 深めのフライパンを中火で熱し、サラダ油を入れてなじませる。しょうがと玉ねぎを入れて炒め、玉ねぎのふちが透き通ってきたらゆで豚とピーマンを加えてざっと炒める。

3 **2**にカレー粉をふり入れて炒め合わせる。香りが立ったらケチャップを加えて酸味を飛ばしながら炒める。

4 **A**を加えて強火にし、ひと煮立ちしたら弱火で1分煮る。水溶き片栗粉をまわし入れてとろみがついたら、さらに1分火にかけ、最後にごま油をまわし入れる。さっとかき混ぜて、うつわに盛ったごはんにかける。

醤油ミンチから

ソース焼きめし

醤油ミンチを使った焼きめしにはウスターソースがよく合います。大きめに刻んだ玉ねぎをたっぷり入れるので、食感もよく、スパイシーな中にも甘みがあって、クセになるおいしさです。

point

玉ねぎのみじん切りは細かくしすぎないことが、おいしさのポイント。ザクザクと粗いみじん切りに。

材料（2人分）

醤油ミンチ　大さじ4
玉ねぎ　1/2個
ピーマン　1個
ごはん　どんぶり2杯
サラダ油　大さじ1
ウスターソース　小さじ2
醤油　小さじ1
塩・こしょう　少々
紅しょうが　適量

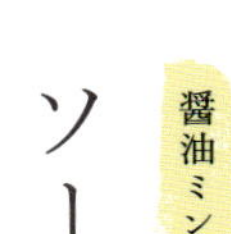

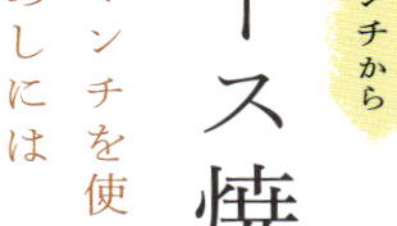

作り方

1 玉ねぎとピーマンは粗めのみじん切りにする。

2 フライパンを中火で熱し、サラダ油を入れて玉ねぎとピーマンを炒める。玉ねぎが透き通ってきたら醤油ミンチとごはんを入れ、木ベラでほぐしながら炒める。

3 ウスターソースと醤油をまわし入れ、全体に味が回ったら塩・こしょうで味を調える。紅しょうがを添える。

ゆで豚から

しょうが焼き

豚肉と玉ねぎに絡んだ
甘辛いたれがごはんに
ぴったりのおかずです。
せん切りキャベツを
たっぷり用意して、
その上にしょうが焼きを
盛りつけるのが
わが家流。
豚肉でキャベツを
くるんで召し上がれ！

point

豚肉は焼き過ぎると固くなるので、脂に透明感が出てきたらすぐにたれをまわし入れて手早く仕上げる。

材料（2人分）

- **ゆで豚** 200g
- 玉ねぎ 1/2個
- サラダ油 小さじ2
- キャベツ 8枚
- マヨネーズ お好みで
- **A**
  - おろししょうが 1かけ分
  - 同割りだれ（濃口）※ 90ml
  - 片栗粉 小さじ1/2

※同割りだれはP74参照

作り方

1 ゆで豚は2～3㎜の薄切り、玉ねぎは繊維に沿って5㎜の厚さに切る。**A**を合わせておく。キャベツはせん切りにする。

2 フライパンを中火で熱し、サラダ油を入れて玉ねぎを炒める。玉ねぎが透き通ってきたらゆで豚を入れてさっと炒める。

3 **A**をかき混ぜてから**2**にまわし入れて炒め合わせる。照りが出てきたら火から下ろす。

4 皿にキャベツを敷き、お好みでマヨネーズをかける。上に**3**をのせる。

ARRANGED RECIPE

ゆで鶏から

竜田揚げ

加熱済みのゆで鶏で作るから、表面がきつね色に揚がればできあがり！
1㎝ぐらいの深さの油で揚げ焼きにしても作れます。

作り方

1 ゆで鶏はひと口大に切ってペーパータオルで汁気を押さえる。ボウルに入れて**A**を絡めて10分ほどおく。

2 **1**の汁気を軽く切り、片栗粉大さじ1を加えて混ぜ合わせる。

3 バットに片栗粉適量を広げ、**2**を数個ずつ入れて片栗粉をしっかりとまぶしつける。余分な粉は軽くはたき落とす。

4 180度に熱した油で、こんがりと色付くまで揚げる。お好みでかぼすや、すだちを添える。

材料（2人分）

ゆで鶏（もも）　1枚
片栗粉　適量
揚げ油　適量
かぼすやすだち
　お好みで

A
醤油　小さじ2
日本酒　小さじ1
塩　ひとつまみ
おろししょうが
　小さじ1

point

ペーパータオルで汁気を押さえておくと味のなじみがいい。

塩玉キャベツから

キャベツバーグ

卵やパン粉などのつなぎを加えない、肉とキャベツそのままのおいしさを味わえるハンバーグです。付け合わせのトマトとの相性が抜群なのでお忘れなく。パンにはさんで食べてもおいしいですよ。

材料（2人分）

塩玉キャベツ
　1カップ（約150g）
牛ひき肉　200g
塩　小さじ1/2
粗びき黒こしょう　少々
ナツメグ　少々
オリーブオイル　適量

付け合わせ

A
- トマト　1個
- レモン汁　小さじ1
- オリーブオイル　小さじ2
- 塩　ひとつまみ
- 粗びき黒こしょう　少々

作り方

1 塩玉キャベツの水分をぎゅっとしぼっておく。付け合わせのトマトを食べやすい大きさに切る。

2 ボウルに牛ひき肉と塩を入れて粘りが出るまで混ぜ合わせる。塩玉キャベツとナツメグ、こしょうを加えてキャベツと肉がなじむまで混ぜ合わせ、2等分にして小判形にまとめる。

3 中火で熱したフライパンにオリーブオイル小さじ2を入れて**2**を入れる。焼き色が付いたら裏返してふたをして弱火で3分ほど焼く。

4 両面にこんがりと焼き色が付き、串を刺してみて澄んだ脂が染み出してきたら焼き上がり。

5 付け合わせのトマトを**A**であえて、ハンバーグに添える。

point

ハンバーグの中心は火が通りづらいので、中心を少しくぼませるように成型すると生焼けになりにくい。

ARRANGED RECIPE

塩玉キャベツから

お好み焼き

塩玉キャベツで作るお好み焼きは、生のキャベツにはないザクザクとした独特の食感が特徴です。生地に醤油ミンチを混ぜ込んで作ってもおいしいですよ。

材料（2人分）

塩玉キャベツ　2カップ
薄力粉　大さじ4
卵　2個
豚ばら薄切り肉　6枚
A
- かつお粉　小さじ2
- 青ねぎ　2本
- ちくわ　1本
- 紅しょうが　大さじ1〜2
- 天かす　大さじ2
- 醤油　小さじ1/2

サラダ油　小さじ2
お好み焼きソース・マヨネーズ・削り節・青のり　各適量

作り方

1 青ねぎは小口切りに、ちくわは薄切りにする。塩玉キャベツの水分をぎゅっとしぼっておく。豚肉は半分に切る。

2 塩玉キャベツをボウルに入れ、薄力粉をまぶす。溶きほぐした卵、**A**を加えてさっくりと混ぜ合わせる。

3 中火で熱したフライパンにサラダ油小さじ1を入れ、**2**の半量を15㎝ぐらいの円形に広げる。豚肉の半量を広げて上にのせ、焼き色が付いたら裏返して弱火でじっくり焼く。

4 脂が出てきたらペーパータオルでふき取りながら、豚肉がカリカリになるまで焼く。中心に箸を刺してみて生地がついてこなければ焼き上がり。同様にしてもう1枚焼く。

5 皿に盛ってソースを塗り、マヨネーズ、削り節、青のりをのせる。

point

塩玉キャベツをほぐすようにして小麦粉をまぶし、卵を入れてからは練らないようにさっくりと混ぜ合わせることで、ふんわりと仕上がる。

ARRANGED RECIPE

パプリカのトマト煮から

大人のナポリタン

ケチャップを使わずに辛みを利かせた大人好みのナポリタンです。ベーコンが味の決め手になるのでおいしいものを使いましょう。

材料（2人分）

パプリカのトマト煮
3/4カップ（150g）
ベーコン　40g
にんにく　1かけ
赤唐辛子　1本
オリーブオイル　大さじ2
スパゲッティ　160g
塩　適量
パルミジャーノレッジャーノ　適量
イタリアンパセリ（粗みじん切り）　1枝分

作り方

1 ベーコンは太めの短冊切りにする。赤唐辛子は種を取って半分にちぎる。

2 鍋にたっぷりの湯を沸かし、塩（水2ℓに対して大さじ1と1/2）を加えてスパゲッティをゆで始める。

3 フライパンにオリーブオイルとつぶしたにんにく、赤唐辛子を入れて弱火にかける。にんにくが薄く色付いたらベーコンを入れて炒める。

4 3にパプリカのトマト煮と2のゆで汁100㎖、まだ少し芯が残っているぐらいのスパゲッティを入れて中火にし、さっと混ぜる。

5 フライパンをゆすってスパゲッティに汁気を吸わせるようにしながら、好みの固さになるまで火を通す（汁気が足りなくなったらゆで汁を適宜足す）。

6 塩少々で味を調え、うつわに盛る。パルミジャーノレッジャーノとイタリアンパセリをかける。

point

ゆで汁とスパゲッティを入れてフライパンをゆすっていると、オイルとゆで汁が乳化してとろみがついたソースのようになる。

醤油ミンチから

オムライス

醤油ミンチで作るオムライスは、子どものころからの慣れ親しんだ味。玉ねぎとピーマンを粗くみじん切りにすることと、卵を1人2個とたっぷり使うのがおいしさの秘訣です。

材料（2人分）

醤油ミンチ　大さじ4
玉ねぎ　½個
ピーマン　1個
卵　4個
ごはん　300g
サラダ油　適量
ケチャップ　適量
バター　20g
塩　適量
こしょう　少々

作り方

1 玉ねぎとピーマンは粗みじん切りにする。卵は泡立てないように、箸で白身を切るようにして溶きほぐす。塩ひとつまみとこしょう少々を加えて混ぜる。

2 中火で熱したフライパンにサラダ油小さじ2を入れて玉ねぎとピーマンを炒める。玉ねぎに透明感が出てきたら、醤油ミンチとごはん、ケチャップ大さじ3を入れて炒める。

3 ごはんにケチャップが絡んで、しっとり炒まったら、塩で味を調える。

4 別のフライパンを中火で熱し、サラダ油小さじ1とバター10gを入れる。バターが溶けたら卵の半量を流し込み、手早くかき混ぜながら広げるようにして焼く。

5 卵に8割方火が通ったら火から下ろし、**3**の半量を卵の中心に細長くおく。卵の両端をたたむようにしてごはんを包み、皿をかぶせてフライパンをひっくり返す。同様にしてもう1つ焼き、ケチャップをかける。

point

フライパンに卵を入れたら、すぐに箸でかき混ぜてスクランブルエッグを作るようにするとふんわりと仕上がる。

ARRANGED RECIPE

ゆで豚から

回鍋肉（ホイコーロー）

ゆで豚は、みそだれの絡みがいいので回鍋肉がいちだんとおいしく仕上がります。甜麺醤《テンメンジャン》のこっくり味でごはんが進みます。

材料（2人分）

ゆで豚　160g
キャベツ　1/3個（約300g）
ピーマン 1個
にんにく・しょうが　各1かけ
A
- 甜麺醤　大さじ1
- 豆板醤　小さじ1
- 紹興酒　大さじ1

醤油　小さじ2
水溶き片栗粉
- 片栗粉　小さじ1
- 水　小さじ2

サラダ油　大さじ1と1/2
ごま油　少々

作り方

1 ゆで豚は2～3㎜の厚さの薄切りにしてから食べやすい大きさに切る。キャベツはゆで豚の大きさに合わせて切り、芯は薄切りにする。

2 ピーマンは乱切りにする。にんにくとしょうがはせん切りにする。**A**を合わせておく。

3 弱火で熱したフライパンにサラダ油大さじ1とにんにく、しょうがを入れて炒め、にんにくとしょうがの香りが出てきたら強めの中火にしてゆで豚とピーマンを加えて炒める。

4 **A**をまわし入れてさっと炒めたら、残りのサラダ油とキャベツを加える。キャベツにたれが絡むように底から混ぜながら炒める。

5 キャベツがしんなりしてきたら、水溶き片栗粉をまわし入れて手早く炒め合わせ、醤油で味を調え、香りづけにごま油をまわし入れる。

point

甜麺醤をみそに、紹興酒を日本酒に代えて作ってもおいしくできる。

醤油ミンチから

そぼろ肉じゃが

野菜を切って醤油ミンチと調味料を入れ、
あとはふたをして煮るだけ。
ごはんに合うこっくり味の肉じゃがは、
失敗知らずの簡単レシピ。
お料理が苦手という方にもおすすめです。

材料（作りやすい分量）

醤油ミンチ
　1カップ（140g）
玉ねぎ　1個
じゃがいも　4個
いんげん　10本
しょうが（大）　1かけ
A 醤油　1/4カップ
　日本酒　1/2カップ
　砂糖　大さじ1

作り方

1 玉ねぎは12等分のくし型切り、じゃがいもはひと口大に切る。いんげんは長さを半分に、しょうがはせん切りにする。

2 厚手の鍋に玉ねぎ、しょうが、醤油ミンチ、じゃがいもの順に重ねて入れ、**A**を入れて中火にかける。

3 ふつふつとしてきたらふたをして弱火で10分ぐらい煮る。玉ねぎから水分が出てくるので、ざっくりとかき混ぜ、さらに10分ほど火にかける。

4 いんげんを加えて混ぜ、ふたをして10分ほど煮る。ふたを取り、汁気が多いようであれば、強めの中火にして底からかき混ぜるようにして煮る。玉ねぎがとろりとして煮汁が少なくなってきたら火から下ろす。

point

調味料と玉ねぎの水分だけでじゃがいもに火を通すので、水分が飛んでしまわないようにふたをして弱火でじっくりと煮る。

ARRANGED
RECIPE

じゃがいもと玉ねぎのバタ蒸し煮から

でんぷんだんご（おやつ用／おつまみ用）

もちもちしたニョッキ風の〝でんぷんだんご〟は、北海道の郷土食。地域によっては「いももち」と呼ぶ所もあるようです。いつもは砂糖醤油で食べるのですが、おつまみ風にアレンジしてみたらおいしい！ 今ではわが家の定番になりました。

作り方

1 じゃがいもと玉ねぎのバタ蒸し煮をレンジで軽く温めてからフォークでつぶす。片栗粉を加えてフォークでしっかり混ぜ合わせる。

2 半量ずつに分け、おやつ用はさらに2等分にして小判形に、おつまみ用は6等分にして手でぎゅっと握り、楕円型にまとめる。

3 おやつ用は、サラダ油小さじ1/2をひいたフライパンで両面をこんがり焼いて、**A**をかける。

4 おつまみ用は、170度に熱した揚げ油で表面をこんがり揚げる。油を切って皿に盛り、**B**をかける。

point **2**の状態で冷凍保存ができる。自然解凍してから調理に使う。

材料（2人分）

じゃがいもと玉ねぎのバタ蒸し煮 150g

片栗粉　大さじ1

サラダ油　適量

おやつ用

A 砂糖・醤油　各適量

おつまみ用

B パルミジャーノレッジャーノ 適量
粗びき黒こしょう 少々

おかずのもと
で作る
アレンジレシピ

和のおかず

6品

おかずのもとを使えば、だしを入れなくても
旨みたっぷり。ごはんにもピッタリのレシピの数々です。

ねぎきのこから

きのこ肉豆腐

いつもの肉豆腐にねぎきのこを加えたら、旨みたっぷりに仕上がりました。牛肉をゆで豚やゆで鶏に代えたり、絹ごし豆腐の代わりに手でちぎった木綿豆腐で作ってもおいしいですよ。

材料（2人分）

ねぎきのこ　1カップ
牛切り落とし肉　120g
絹ごし豆腐　1丁
しょうが　ひとかけ
青ねぎ　1本
一味唐辛子　お好みで

A
- 同割りだれ（濃口）※　大さじ6
- 水　1カップ
- 砂糖　大さじ1

※同割りだれはP74参照

作り方

1 豆腐は30分ほど水切りする。しょうがはせん切りに、青ねぎは小口切りにする。

2 鍋にねぎきのことしょうが、**A**を入れて火にかけ、ひと煮立ちしたら牛肉をほぐしながら入れる。アクが出てきたらすくい取る。

3 豆腐を8等分に切り、**2**にそっと入れる。弱火で10分ほど煮含める。火から下ろして粗熱が取れるまで冷ます（冷める間に豆腐に味がしみこむ）。

4 食べる前に温め直して青ねぎをのせ、お好みで一味唐辛子をかける。

point

豆腐の水切りは、豆腐をペーパータオルで包んでバットにおき、上にバットと豆腐が潰れない程度の重しをのせる。

ARRANGED RECIPE

塩玉キャベツから

キャベツとツナのあえもの

もう1品ほしいときにおすすめのささっとできるあえものです。青じそを手でちぎって使えば包丁とまな板すら必要ないほど簡単にできます。

材料（2人分）

- **塩玉キャベツ** 3/4カップ
- ツナ 30g
- 青じそ 4枚

作り方

1. 塩玉キャベツは軽く汁気を切る。青じそは5㎜幅に切る。
2. ボウルに塩玉キャベツ、青じそ、ツナを入れてあえる。

point

ツナは油入りの水煮を使うのがおすすめ。オイル漬けを使う場合は、軽く油を切って使うといい。

ARRANGED RECIPE

ねぎきのこから

きのこだし巻き

ねぎきのこの汁が入るので、だしを入れなくても旨みたっぷりのだし巻きが作れます。お酒のおつまみにもお弁当のおかずにもぴったりです。

材料（2人分）

ねぎきのこ 3/4カップ
卵　3個
片栗粉　小さじ1/2
塩・醤油　少々
サラダ油　適量

point

だし巻きのようにしっとりと仕上げるために片栗粉の分量を少なくしているが、柔らか過ぎて焼きにくい場合は、片栗粉を増やす。

作り方

1 ねぎきのこは汁気を切り過ぎないようにフォークですくってボウルに入れる。

2 **1**に片栗粉をふりかけて混ぜ、溶きほぐした卵、塩、醤油少々を加える。

3 卵焼き器を中火で熱し、サラダ油をたっぷりしみこませたペーパータオルで油をなじませる。

4 **3**に**2**をお玉1杯分流し入れて全体に広げ、大きな気泡ができたら箸でつついて潰す。半熟の状態で奥から手前に巻き上げ、奥にすべらせる。

5 **3**、**4**を繰り返して焼き上げる。粗熱が取れたら食べやすい大きさに切る。

玉ねぎのレモンマリネから

ししゃもの焼き南蛮漬け

醤油を足した
玉ねぎのレモンマリネで
こんがり焼いた
ししゃもを漬け込んだら
さっぱり味の南蛮漬けが
できました。
軽く塩もみした
薄切りのセロリを
加えてもおいしいです。

point

ししゃもは焼き立ての熱いうちに漬け込むと、味がしみこみやすくなる。

材料（2人分）

玉ねぎのレモンマリネ
1カップ
玉ねぎのレモンマリネの汁　大さじ3
ししゃも　8尾
青ねぎ　1本
醤油　小さじ1
赤唐辛子（輪切り）
小さじ1/2

作り方

1 青ねぎを3㎜の斜め切りにして、玉ねぎのレモンマリネと汁、醤油、赤唐辛子と混ぜ合わせる。

2 ししゃもをグリルかオーブンでこんがりと焼く。ししゃもが重ならないようにバットに並べ、1を広げてのせる。

3 粗熱が取れたら冷蔵庫で30分ほど冷やして味をなじませる。

ARRANGED RECIPE

オイルサーディンから

梅しそイワシとなすの油焼き

オイルサーディンの油で焼いたなすは旨みたっぷりでジューシー。梅干しと青じそをのせれば、暑い日でもさっぱりと食べられます。

材料（2人分）

オイルサーディン 2尾
オイルサーディンの油 大さじ3
なす 2本
梅干し 1〜2個
青じそ 4枚
塩 適量

point

なすはじっくりと火を通すと、とろりとした食感に。イワシの中骨が気になる場合は取り除く。

作り方

1 なすは縦半分に切ってから斜めに細かく包丁目を入れ、半分の長さに切る。両面に軽く塩をふり10分ほどおいてから水気をふき取る。

2 梅干しは種を取り除いて包丁で叩き、梅肉にする。青じそは半分に切る。

3 中火で熱したフライパンに油を入れてなすを皮目から焼く。皮が色よく焼けたら裏返してこんがりと焼く。

4 3のフライパンに半分に開いたオイルサーディンを入れて、皮目を焼きながら箸で長さを半分に切る。

5 皿になす、青じそ、オイルサーディン、梅肉の順にのせる。

ゆで豚から

豚ねぎ大根

厚めに切ったゆで豚の食感に合わせて、大根を炒め煮にしてシャクっとした食感を残しました。ほんのり香るごま油と醤油のこっくり味は、白いごはんにぴったりのお味。もちろんお酒にもよく合います。

材料（2人分）

ゆで豚　200g
大根　10cm
長ねぎ　1本
しょうが　1かけ
ゆで豚のゆで汁　1カップ
ごま油　小さじ2
塩　小さじ1/2
同割りだれ（濃口）※　大さじ2

水溶き片栗粉
- 片栗粉　小さじ1
- 水　小さじ2

※同割りだれはP74参照

作り方

1 ゆで豚は小さめのひと口大に切る。大根は1㎝厚さのいちょう切りに、長ねぎは1㎝厚さの斜め切りにする。しょうがはせん切りにする。

2 厚手の鍋を中火にかけ、ごま油を入れて大根を炒める。塩を加え、ときどき混ぜながら大根に焼き目がつくまでじっくり炒める。

3 2に長ねぎとしょうが、ゆで豚、ゆで汁、同割りだれを加えてさっと混ぜ合わせ、ふたをして弱火で5分ほど蒸し煮にする。

4 ふたを取り、強めの中火で水気を飛ばすように混ぜながら煮る。ほどよい味の濃さになったら水溶き片栗粉をまわし入れてとろみをつける。

point

大根は焼いて水分を飛ばすことで旨みが凝縮されるので、焼き目がつくまでしっかり焼く。

おかずのもと

で作る

アレンジレシピ

洋のおかず

6品

手間も時間もかかる洋風のおかずも、
パパっと調理。見た目も華やかでおいしそうです。

じゃがいもと玉ねぎのバタ蒸し煮から
パプリカのトマト煮から

スパニッシュオムレツ

じゃがいもと玉ねぎのバタ蒸し煮と卵があれば、スパニッシュオムレツがあっという間に作れます。パプリカのトマト煮を入れて、ごちそう感たっぷりに仕上げます。

材料（作りやすい分量）

じゃがいもと玉ねぎのバタ蒸し煮　200g
パプリカのトマト煮　1/3カップ
卵　4個
塩　小さじ1/4
こしょう　少々
オリーブオイル　大さじ2

point

かき混ぜながら火を通し、スクランブルエッグ状になってきたら皿にとって裏返す。

作り方

1　じゃがいもと玉ねぎのバタ蒸し煮をざく切りにする。ボウルに卵を割り入れて溶きほぐし、じゃがいもと玉ねぎのバタ蒸し煮とパプリカのトマト煮、塩・こしょう少々を加えて混ぜ合わせる。

2　小さめのフライパン（直径20㎝ぐらい）にオリーブオイルを入れて中火にかける。温まったら**1**を流し入れ、箸かヘラを使って底が焦げ付かないように数回混ぜる。

3　卵液がかたまってきたら皿をかぶせてフライパンをひっくり返す。そのまま皿からすべらせるようにしてフライパンに戻し入れ、弱火でふたをして2〜3分焼く。中心を指で押して弾力が出ていれば焼き上がり。

ARRANGED RECIPE

パプリカのトマト煮から

ポークソテー

パプリカのトマト煮を煮絡めてソースにしたちょっと贅沢なポークソテーです。刻んだオリーブやケイパーを加えるとさらに本格的なひと皿に。おもてなしにもおすすめです。

材料（2人分）

パプリカのトマト煮　3/4カップ
豚肩ロース肉（厚切り）　2枚（260g）
オリーブオイル　小さじ1
白ワイン　大さじ2
塩・こしょう　各少々

point

筋切りは両面から包丁を入れて丁寧に。筋切りをしておかないと焼いたときに肉が反り返って火が通りづらくなる。

作り方

1 豚肉は赤身と脂身の間に包丁の先で数ヶ所切れ目を入れて筋切りをする。両面に軽く塩とこしょうをふる。

2 フライパンを強めの中火で熱してオリーブオイルを入れてなじませ、豚肉を入れる。1分ほど焼いて焼き目がついたら裏返し、裏面にも焼き色がつくまで焼く。

3 白ワインをまわし入れて焼き付け、水分が飛んだら豚肉を取り出す。

4 パプリカのトマト煮を入れ、フライパンにこびりついた肉汁や脂と混ぜ合わせるようにして軽く煮詰める。

5 4に豚肉を戻し入れて、ソースを絡めて皿に盛る。

オイルサーディンから

バスク風イワシのオーブン焼き

スペイン・バスク地方のバルで食べたタパス（小皿料理）を思い出しながら作りました。イワシのおいしさをトマトの酸味と甘長唐辛子の香りがぐんと味を引き立てます。

材料（2人分）

オイルサーディン　3尾
甘長唐辛子　4本
（またはグリーンパプリカ1個）
トマト　1個
オイルサーディンのオイル　大さじ1
塩　少々
エスプレット唐辛子
（または一味唐辛子）
適量

作り方

1 甘長唐辛子に包丁で切り込みを入れる（パプリカを使う場合は8つ切り）。トマトは縦半分に切ってから5㎜の厚さに切る。オーブンを180度で予熱する。

2 耐熱皿に甘長唐辛子とオイルサーディンを交互に入れ、トマトをのせる。オイルをまわしかけ、甘長唐辛子とトマトに軽く塩をふる。

3 180度のオーブンに**2**を入れて甘長唐辛子に焼き色がつくまで15〜20分焼く。

4 エスプレット唐辛子をふりかける。

point

エスプレット唐辛子は、フランス・バスク地方のエスプレット村の名産品で、甘い香りとキリッとした辛みが特徴。一味唐辛子で代用する場合は少なめに使う。

ARRANGED RECIPE

玉ねぎのレモンマリネから

タコのカルパッチョ

レモンの香りがさわやかな、
おもてなしにぴったりのひと皿。
タコを乱切りにしてざっくりあえれば、
食べごたえのあるマリネになります。

材料（作りやすい分量）

玉ねぎのレモンマリネ　3/4カップ
ゆでダコ　150g
イタリアンパセリ　2枚
ケイパー（酢漬け）　小さじ2
トマト　1/2個（60g）
塩　ひとつまみ
オリーブオイル　大さじ2

作り方

1 トマトは1㎝角に切って塩をまぶし、軽く汁気を切ってみじん切りにしたケイパーと混ぜ合わせる。

2 イタリアンパセリは茎を取り除き、葉を粗みじん切りにする。タコはそぎ切りにする。

3 皿にタコを並べて軽く汁気を切った玉ねぎのレモンマリネと**1**をのせ、パセリをふる。オリーブオイルをまわしかける。

point

独特の風味を持つケイパーがこの料理のアクセントに。手に入らなければ、グリーンオリーブを使ってもおいしい。

じゃがいもと玉ねぎのバタ蒸し煮から
醤油ミンチから

マッシュポテトのグラタン

冬になると恋しくなるグラタンも、じゃがいもと玉ねぎのバタ蒸し煮、醤油ミンチがあれば気負うことなく作れます。チーズがなければパン粉をかけて焼いてもおいしいです。

材料（2人分）

マッシュポテト

じゃがいもと玉ねぎのバタ蒸し煮 300g
牛乳 60ml
塩・こしょう・ナツメグ 少々
オリーブオイル 適量

ミートソース

醤油ミンチ 大さじ5
玉ねぎ 1/2個
トマト 1個（またはトマトの水煮120g）
赤ワイン 大さじ3
タイム（生） 1枝（*あれば）
オリーブオイル 適量
塩 ひとつまみ

シュレッドチーズ 1/2カップ（30g）

作り方

1 玉ねぎはみじん切り、トマトはざく切りにする。タイムは葉をしごいて茎を取り除く。オーブンを250度で予熱する。

2 中火で熱したフライパンにオリーブオイル小さじ2を入れて玉ねぎと塩を入れて炒める。透明感が出てきたら醤油ミンチとトマトを加え、トマトの水分を飛ばすように炒める。

3 2に赤ワインをまわし入れてねっとりするまで炒め、タイムを加える。ミートソースの完成。

4 じゃがいもと玉ねぎのバタ蒸し煮と牛乳を鍋に入れ、ふたをして弱火で温める。じゃがいもが潰れるぐらいに温まったら、マッシャーでなめらかになるまで潰し、塩・こしょう・ナツメグで味を調える。

5 耐熱容器の内側にオリーブオイル適量を塗り、3、4の順で重ねて入れ、チーズをのせる。オーブンに入れてチーズにこんがりと焼き色がつくまで5〜10分焼く。

point

ミートソースは、玉ねぎとトマトをしっかり炒めて水分を飛ばし、煮詰めた赤ワインでコクを出すのがおいしく作る秘訣。

ARRANGED RECIPE

パプリカのトマト煮から

なすのカポナータ

イタリアの家庭料理・カポナータをシチリア風に甘酸っぱく仕上げました。酸味が食欲を誘うので前菜に最適。サンドイッチやパスタの具材としても使えます。

材料（作りやすい分量）

パプリカのトマト煮 1と1/2カップ
なす　4本
塩　適量
オリーブオイル　大さじ4〜5
A
- 赤ワインビネガー　大さじ2
- レーズン　大さじ2

作り方

1 なすは1㎝の厚さに切り、両面に軽く塩をふる。30分ほどおいて出てきた水をペーパータオルで押さえて取る。**A**を合わせてレーズンをふやかしておく。

2 厚手の鍋にオリーブオイルを入れて中火にかけ、なすを両面がきつね色になるまで焼く。

3 **2**に**A**を入れて軽く水分を飛ばし、パプリカのトマト煮を加えて、さっとかき混ぜてふたをする。弱火にかけて5分ほど煮る。粗熱が取れてからが食べごろ。

point

なすに塩をふり、水分を抜いて焼くので、パプリカのトマト煮とのなじみがよくなる。なすは素揚げにしてもいい。

おかずのもと
で作る
アレンジレシピ

中・韓のおかず

6品

家庭で本格的な一品が作れるのも、
おかずのもとの魅力。食欲をそそる香りをご堪能あれ！

ゆで鶏から

棒棒鶏（バンバンジー）

ゆで鶏にごまだれをかければ、あっという間に棒棒鶏の完成。香味野菜がたっぷり入ったごまだれは、ついつい箸が進んでしまうおいしさ。野菜を添えてサラダ感覚でいただきます。

材料（2人分）

ゆで鶏（もも）　1枚
きゅうり　1本
トマト（小）　2個

A
- ゆで鶏のゆで汁　小さじ2
- 練りごま　大さじ2
- 醤油　大さじ1
- 酢　小さじ2
- 辣油　小さじ1/2
- しょうが　ひとかけ
- 長ねぎ　5cm
- おろしにんにく　少々

作り方

1 ゆで鶏は1㎝の厚さに切る。きゅうりはせん切り、トマトは食べやすい大きさに切る。

2 しょうがと長ねぎはみじん切りにする。**A**を混ぜてたれを作る。

3 皿にきゅうりを敷き、その上にゆで鶏をのせてたれをかける。トマトを添える。

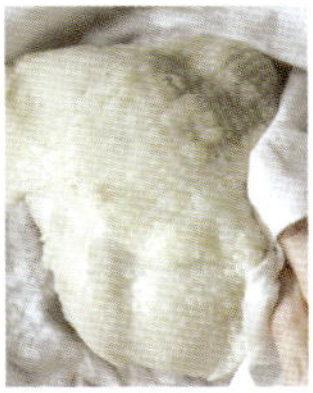

point

仕上がりが水っぽくならないように、ゆで鶏の皮と身の間などに溜まった水気をペーパータオルで押さえて取っておく。

ARRANGED RECIPE

ゆで豚から

雲白肉（ウンパイロー）

雲白肉は、香味野菜の長ねぎとしょうがが、にんにくがあれば特別な調味料を使わなくても本格的な味に。きゅうりをふんわり盛りつければ、おもてなしにもぴったりです。

point

きゅうりはピーラーを使うと簡単に薄切りができる。

材料（2人分）

ゆで豚　140g
きゅうり　1本
長ねぎ　5cm
しょうが　ひとかけ
A
- 醤油　50ml
- 紹興酒　大さじ1
- 酢　小さじ1
- 辣油　小さじ1
- 砂糖　小さじ2
- おろしにんにく　少々

作り方

1 ゆで豚は2～3㎜の薄切りにする。さっと熱湯にくぐらせるか、温めた皿に広げるようにしておく（冷えた脂が柔らかくなって食感がよくなる）。

2 長ねぎとしょうがはみじん切りにして**A**と混ぜ合わせてたれを作る。きゅうりは薄切りにして水にさらす。

3 皿に盛ったゆで豚の上に、水気をしっかり切ったきゅうりをのせ、たれをまわしかける。

ねぎきのこから

きのこと白身魚の香り蒸し

香味野菜とごま油の香ばしい香りが食欲をそそる蒸し物です。きのことたらを食べたあとの残った汁には旨みがたっぷり。ごはんにかけて余すことなくいただきましょう！

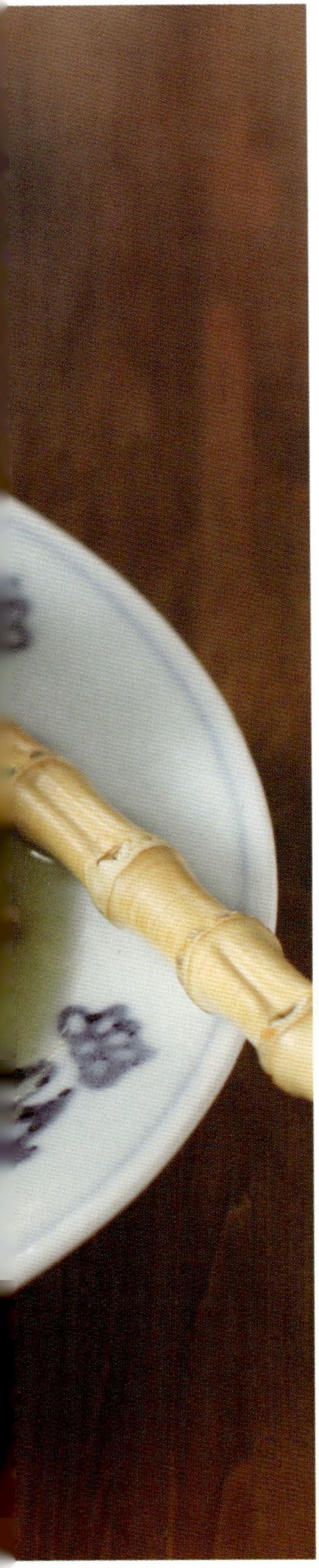

材料（2人分）

ねぎきのこ　1/2カップ
生たら（切り身）　2切れ
しょうが　ひとかけ
長ねぎ　1本
パクチー　2株
サラダ油　大さじ1
ごま油　大さじ1/2
醤油　少々
A｜紹興酒　小さじ1
　｜塩　小さじ1/2

point

中華鍋や深さのあるフライパンの底に小皿をおいて適量の水を張り、その上に調理する皿をのせてふたをすれば、蒸し器がなくても蒸しものができる。

作り方

1 生たらはペーパータオルで水気をふき取ってからAをまぶして10分ほどおく。出てきた水気をペーパータオルで押さえる。

2 しょうがはせん切りにする。長ねぎは1cmの斜め切りにする。パクチーはざく切りにする。

3 深さのある皿かバットに長ねぎを並べ、その上に1をおき、しょうがを散らす。ねぎきのこを上からかけ、湯気が上がった蒸し器に入れて強火で10～15分蒸す。

4 やけどをしないようにして蒸し器から皿を取り出す。

5 中火で熱した小鍋かフライパンに、サラダ油とごま油を入れて薄く煙があがったら4にまわしかける（油が飛び散るのでやけどに注意）。パクチーをのせ、好みで醤油をかけて食べる。

玉ねぎのレモンマリネから

韓国風じゃこやっこ

玉ねぎのレモンマリネをたっぷりのせた韓国風の冷ややっこ。ビールのつまみにぴったりです。

材料（2人分）

玉ねぎのレモンマリネ　½カップ
豆腐　1丁
ちりめんじゃこ　大さじ2
青じそ　4枚
サラダ油　小さじ2
ごま油　小さじ1
A
- 醤油　小さじ3
- おろしにんにく　少々
- 白すりごま　小さじ1
- 砂糖　小さじ½
- 韓国唐辛子（粗びき）　小さじ½

作り方

1 **A**を混ぜ合わせてたれを作る。豆腐を4等分にして2切れずつ皿に盛り、玉ねぎのレモンマリネをのせる。

2 フライパンにサラダ油とごま油、ちりめんじゃこを入れる。弱火にかけてカリカリになるまでじっくり炒め、熱いうちに油ごと**1**の豆腐にかける。

3 たれを適量かけ、青じそをちぎってのせる。

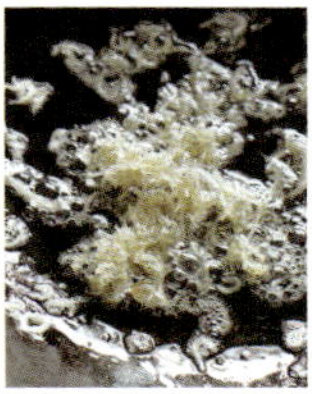

point
ちりめんじゃこは焦がさないように弱火でじっくり炒め、カリカリに。

ARRANGED RECIPE

ゆで豚から

豚キムチ

発酵が進んで酸っぱくなったキムチは豚キムチにするとおいしくなります。炒めることで酸味が和らぎ、旨みがぐんとアップ。辛みが苦手な人は、最後に卵を加えるとまろやかになります。

材料（2人分）

ゆで豚　150g
白菜キムチ　150g
玉ねぎ　1/2個
青ねぎ　1本
しょうが　1かけ
ごま油　小さじ2
白炒りごま　小さじ1/2
A｜醤油　小さじ1
　｜砂糖　小さじ1/2

作り方

1 ゆで豚は2㎜の厚さの食べやすい大きさに切る。玉ねぎは5㎜の厚さのくし型切りにする。青ねぎは斜め切りに、しょうがはせん切りにする。

2 中火で熱したフライパンにごま油を入れ、しょうがと玉ねぎを炒める。玉ねぎに透明感が出てきたらゆで豚を加える。

3 ゆで豚がしっとりとしてきたらキムチを加えて炒め合わせ、**A**をまわし入れる。青ねぎを加えてさっと炒めて皿に盛る。白炒りごまを散らす。

point
ゆで豚は炒め過ぎると固くなるので、キムチを加えたら手早く仕上げる。

醤油ミンチから

もやしのごちそうナムル

もやしのナムルに醤油ミンチと刻んだねぎを加えたら、ごちそう感たっぷりのナムルに変身しました。さらにボリュームを出したければ、卵と合わせて炒め物にするのがおすすめです。

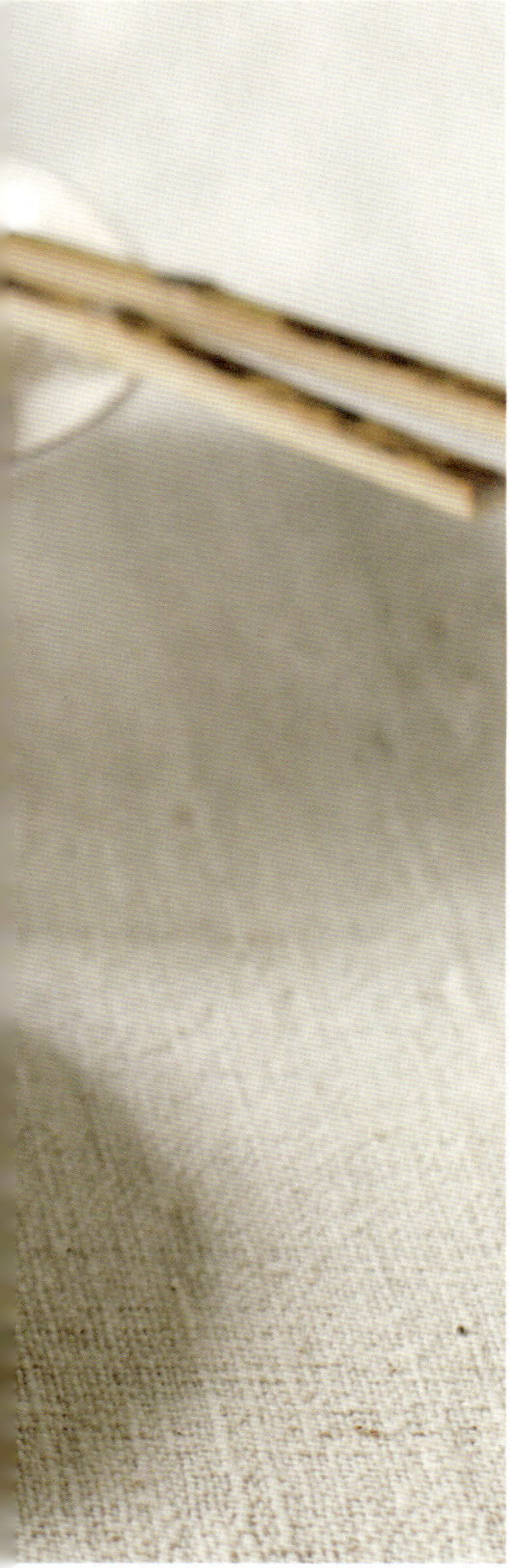

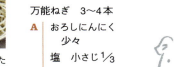

point

もやしは、沸騰したたっぷりのお湯でゆでること。お湯が少ないともやしを入れたときに温度が下がり、再沸騰を待つ間にゆで過ぎになる。

材料（作りやすい分量）

- 醤油ミンチ　大さじ3
- もやし　1袋（200g）
- 万能ねぎ　3〜4本
- A
  - おろしにんにく　少々
  - 塩　小さじ1/3
  - ごま油　小さじ1と1/2

作り方

1. 万能ねぎは小口切りにする。ボウルに醤油ミンチと万能ねぎ、Aを入れておく。
2. 鍋にたっぷりの湯を沸かし、洗って水気を切ったもやしを入れて30秒ほどゆでる。ザルにあげてしっかり湯を切る。
3. 1のボウルに熱々の2を入れてあえ、塩少々で味を調える。粗熱が取れたら食べごろ。

column 2

私の使っている調味料について

ごはん作りに欠かせない調味料は
毎日口にするものなので、添加物を使わずに
自然な製法で作られたものを選ぶようにしています。
いい材料を使って、ていねいに作られたものは、
調味料自体に旨みがあるので、
シンプルな調理法でもおいしく仕上がります。
とくに味に違いが出るのが、おひたしや薄味の煮物。
おいしい調味料を使うと素材の味がぐっと引き立ち、
ワンランク上の味になるので、
お料理の腕があがったかと錯覚するほどです。
少しばかり値が張るかもしれませんが、
毎日のごはん作りが楽しくなって、
外食が減れば逆に安上がりなのかもしれませんね。

この本のレシピは、私がいつも使っている調味料で
私好みの味に仕上がるようにして作っています。
基本の調味料については、左ページに
記してありますので参考にしてみてください。

私が使っている調味料

《塩》 ミネラル分が豊富な自然塩を使っています。調理中の味付けにはサラサラした「焼き塩」を、下ごしらえに「粗塩」を使います。

《こしょう》 この本のレシピでこしょうと表記されているものは、細かく挽いた「白こしょう」のことです。なければ「黒こしょう」でもかまいません。

《醤油》 醤油は、こっくりと仕上げたい煮物や炒め物には「濃口醤油」、素材の持ち味を活かしてすっきりとした味にしたいときは「薄口醤油」と使い分けています。この本のレシピに出てくる「醤油」は、ことわりがなければ「濃口醤油」のことを指します。

《みそ》 自家製の「米みそ」を使っています。米こうじの割合を多めにして仕込んだ、少し甘めのみそです。

《日本酒》 米と米こうじだけを原料に作られた、飲んでもおいしい「純米酒」を使っています。料理酒として販売されているものには塩分が含まれているので、使用する場合は、塩加減に気をつけましょう。

《砂糖》 サトウキビが原料の精製されていない「粗糖」を使用しています。すっきりとした味に仕上げたいときは、グラニュー糖を使います。

《酢》 この本のレシピに出てくる酢は、ふくよかな旨みの「米酢」を使用しています。「赤ワインビネガー」と「白ワインビネガー」もレシピ中に出てきますが、ない場合は「酢」で代用してみてください。

《みりん》 もち米と米こうじ、焼酎を原料にして伝統的な製法で作られたみりんを使っています。甘口のデザートワインのようなまろやかな甘みがあり、煮物に使うとツヤよく仕上がります。

《油》 この本の中でサラダ油と表記されているものは、クセのない「米油」を使用しています。ごま油は色も香りも濃いめのものを、オリーブオイルは香りのいい「エクストラバージンオリーブオイル」を使用しています。

《ナンプラー》 旨みの強いタイの魚醤。ベトナムの「ニョクマム」や日本の「しょっつる」で代用してもかまいません。

同割りだれの作り方

私がいちばんよく使う合わせ調味料の「同割りだれ」は、名前の通り、醤油と日本酒、みりんを同じ割合で合わせたものです。あらかじめ混ぜ合わせて容器に入れておくと、調理のたびに3種類の調味料を出す必要がないので、わが家の狭い調理台での作業もしやすく、重宝しています。

　ちなみにこの本の中では、濃口醤油ベースのものと薄口醤油ベースの2種類を使用しています。

《同割りだれ(濃口)》
炒め物、煮物、照り焼きなど、こっくり系の味に

《同割りだれ(薄口)》
だしの風味や素材の味を活かした煮物、汁ものなどに

［作り方］
醤油（濃口または薄口）：日本酒：みりんを各100㎖ずつ合わせて保存びんに入れておくだけ。常温で約2週間ほど持ちます。

おかずのもと
で作る
アレンジレシピ

サラダ

6品

無理なく、飽きずに野菜が摂れる。
そんなバラエティ豊かなサラダレシピを集めました。

玉ねぎのレモンマリネから

パンサラダ

玉ねぎのレモンマリネをドレッシングのように使ったサラダです。大きめに切ったガーリックバゲットが入るので、食べごたえがあります。お好みでパルミジャーノチーズをかけてもおいしいですよ。

材料（作りやすい分量）

玉ねぎのレモンマリネ
1カップ
クレソン　1束（60g）
トマト　1個
ベーコン　3枚（60g）
バゲット　10cm
にんにく　1/2かけ
オリーブオイル
大さじ1
粗びき黒こしょう　少々

作り方

1 クレソンは食べやすい長さに切る。トマトはひと口大に切る。ベーコンは2cm幅に切り、弱火にかけたフライパンでカリッと焼く。

2 バゲットは縦半分に切り、トースターで薄い焼き色がつくまで焼く。焼き目ににんにくの切り口をこすりつけて香りを移してから、食べやすい大きさに切る。

3 ボウルに玉ねぎのレモンマリネ、クレソン、トマトを入れてあえる。うつわに盛り、バゲット、ベーコンをのせてオリーブオイルをまわしかけ、こしょうをふる。

point

ベーコンは油をひかずに弱火でじっくりと焼く。出てきた脂をペーパータオルでふき取りながら焼くとカリッと仕上がる。

ARRANGED RECIPE

玉ねぎのレモンマリネから

春菊とお揚げさんのサラダ

玉ねぎのレモンマリネと
春菊で作るサラダは、
みずみずしくてさわやか。
香ばしく焼いた
油揚げが
アクセントです。

材料（2人分）

玉ねぎのレモンマリネ
1カップ
春菊　1わ
油揚げ　1枚
白炒りごま　大さじ1
醤油　小さじ2
ごま油　小さじ1

作り方

1 春菊は葉を摘みとる。茎は下の固い部分を切り落とし、斜め切りにして葉とともに水にさらす。

2 油揚げはオーブントースターかフライパンでこんがりと焼く。ペーパータオルで油を押さえて1cm幅の食べやすい長さに切る。

3 春菊の水気をしっかり切り、ボウルに入れてごま油をまぶす。残りの材料をすべて入れ、混ぜ合わせてうつわに盛る。

point
春菊の茎は、繊維を断つように斜め切りにして水にさらすと、シャキシャキとした食感になる。

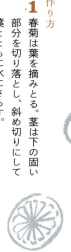

塩玉キャベツから

コールスロー

キャベツで作るサラダといえば、コールスロー。
塩玉キャベツがあれば、あっという間にできあがります。
にんじんの代わりにりんごを入れたり、
粒マスタードを加えて……と、お好みのアレンジでどうぞ。

作り方

1 にんじんはせん切りにして塩ひとつまみをまぶし、5分ほどおいてしんなりさせる。手でぎゅっとしぼって汁気を切る。

2 ボウルに軽く汁気を切った塩玉キャベツとにんじん、**A**を入れてしっかり混ぜ合わせる。味をみて塩（お好みでマヨネーズを加えても）で味を調える。

point

塩玉キャベツはフォークですくって自然に汁気を切る。

材料（2人分）

塩玉キャベツ　3カップ
にんじん　1/3本
塩　適量
マヨネーズ　お好みで
A
酢　大さじ1
サラダ油　小さじ2
砂糖　小さじ1/2
粗びき黒こしょう　少々

ゆで卵と野菜のピクルスから

エビとブロッコリーのタルタルサラダ

刻んだピクルスをタルタルソース風に使ったサラダです。ほんのり香るカレー粉の香りに箸が止まりません！

材料（2人分）

ゆで卵のピクルス
1個
大根・にんじん・玉ねぎ・きゅうりのピクルス
各2本
むきえび　12尾
ブロッコリー　1/2個
オリーブオイル
大さじ1
塩　適量
白ワイン　大さじ1
カレー粉　小さじ1/2
マヨネーズ　大さじ3〜4
A　塩　小さじ1/2
水・片栗粉
各小さじ1

作り方

1 ブロッコリーは小房に分け、茎の外側の固い部分はそぎ落として、食べやすい大きさに切ってから水にさらす。ピクルスは5㎜角に切ってボウルに入れる。

2 むきえびは背わたを取り、**A**でもんでから、水でさっと洗い流し、水気をふき取る。

3 厚手の鍋にオリーブオイルと軽く水気を切ったブロッコリー、塩ひとつまみを入れてふたをして中火にかける。じゅわじゅわと音がしてきたら弱火で2分加熱する。

4 **3**にむきえびと白ワインを加えて混ぜ、ふたをしてさらに1分加熱する。ふたを取って中火にし、カレー粉をふり入れて炒め、水分を飛ばす。

5 ピクルスが入ったボウルにマヨネーズと**4**を入れて混ぜ合わせる。粗熱が取れたら冷蔵庫で30分ほど冷やす。

point

冷凍のむきえびを使う場合は、2%の塩分濃度の塩水に漬けて解凍する。その場合は、**2**の手順の**A**をもみ込む工程を省く。

じゃがいもと玉ねぎのバタ蒸し煮から
ゆで卵と野菜のピクルスから

大人のポテトサラダ

刻んだピクルスをたっぷり入れたポテトサラダは酸味が利いて、ちょっぴり大人の味。ディルとオリーブオイルをかけると、さらにきりりとした味に仕上がります。白ワインのおともにどうぞ。

材料（作りやすい分量）

じゃがいもと玉ねぎのバタ蒸し煮　250g
ゆで卵のピクルス　1個
きゅうり・にんじん・大根・玉ねぎのピクルス　各2本
マヨネーズ　大さじ2〜3
粗びき黒こしょう　少々
ディル　適量
オリーブオイル　適量

作り方

1 じゃがいもと玉ねぎのバタ蒸し煮をレンジで軽く温めてから、フォークで粗くつぶす。

2 ゆで卵のピクルスは黄身をはずして白身を5㎜角に刻む。野菜のピクルスも同様に刻んでおく。

3 **1**に**2**とマヨネーズ、粗びき黒こしょうを加えて混ぜ合わせる。黄身も加えてざっくりと混ぜ合わせたら、うつわに盛り、刻んだディルを散らしてオリーブオイルをかける。

point

黄身は彩りになるので、混ぜ込み過ぎないこと。ざっくり潰すぐらいでいい。

ARRANGED RECIPE

ゆで鶏から

玉ねぎのレモンマリネから

ゆで鶏のマリネサラダ

ゆで鶏と玉ねぎのレモンマリネを組み合わせた前菜にぴったりのサラダ。ほのかに香るクミンとタイムが白ワインを誘います。

材料（2人分）

玉ねぎのレモンマリネ 3/4カップ

ゆで鶏（むね） 1枚

セロリ（茎） 1本

塩 ひとつまみ

クミンパウダー 小さじ1/4

タイム 2〜3枝

オリーブオイル 大さじ1

A
- 玉ねぎのレモンマリネの汁 大さじ3
- 白ワインビネガー 大さじ2
- レーズン 大さじ2

作り方

1 **A**を合わせる。セロリは3㎜の斜め薄切りにして塩をまぶす。タイムは葉をしごきとる。

2 ゆで鶏は皮を取ってざっくりとほぐしてボウルに入れる。玉ねぎのレモンマリネと**1**、クミンパウダーを加えて混ぜ合わせ、冷蔵庫で30分ほどおいて味をなじませる。

3 うつわに盛り、オリーブオイルをまわしかける。

point

レーズンはレモンマリネの汁と白ワインビネガーに漬け込んで、ふっくら戻す。

column
3
私の冷蔵庫整理法

冷蔵庫の中は、食材ごとに定位置を決めて整理整頓を心がけています。どこに何があるかを把握しておくと、調理時間の短縮にもつながります。

調味料はジャンルに分けて収納

職業柄ということもありますが、わが家の冷蔵庫にはたくさんの調味料やおかずのもとが並んでいます。

最近の冷蔵庫は、奥行きが深いこともあって、奥のほうの調味料を取り出すのにもひと苦労です。

なんとか使いやすくできないものかと考えて行きついたのが、細長いプラスチックのケースに、ジャンルごとに分けて収納することでした。

ケースの手前に「お菓子&パン」「中華調味料」と書いたシールを貼り、分類すると、あら便利！

中華料理を作るときは、「中華調味料」のケースひとつを取り出せば使う調味料が一度に揃うし、使い終わったらケースを元の場所に戻すだけ。冷蔵庫の中もすっきりして、使いやすくなりました。

汁ものは凍らせて、立てて収納

汁ものはナイロンポリの保存袋（P32）に入れ、バットにのせて冷凍します。完全に凍ったら、立てて保存しておきます。取り出しやすく、使い忘れもありません。

細かい食材は、「肉類」「魚類」「その他」と、ジャンルごとに分けてケースに入れておきます。

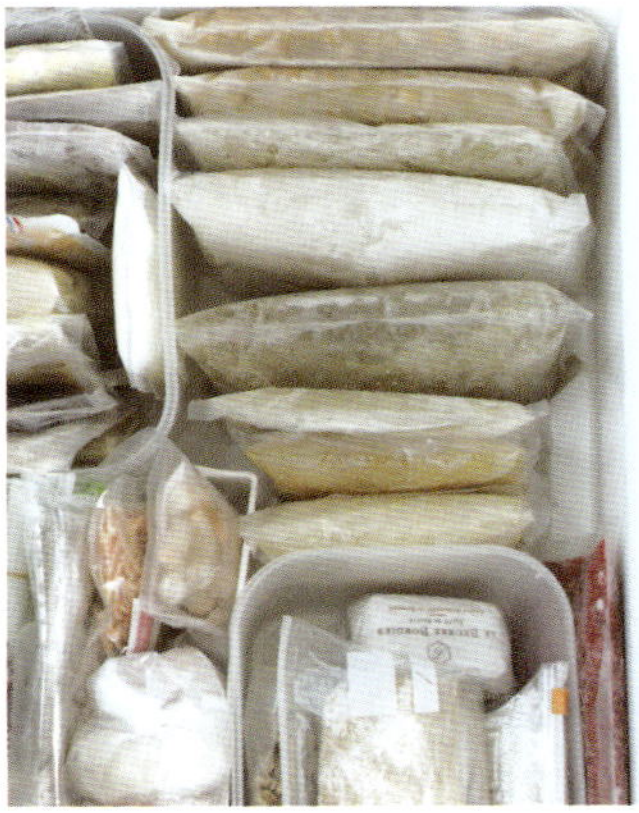

おかずのもと

で作る

アレンジレシピ

スープ＆汁もの

5品

飲めば思わずほっとする、おうちごはんの

名脇役。手順はシンプルなのに、味は抜群です！

ゆで鶏から

鶏スープ

焼き鳥屋さんが食後に出してくれる鶏のスープのように、シンプルな味付けにしました。ゆずの香りがしみるおいしさです。

材料（2人分）

ゆで鶏のゆで汁
2カップ

塩　少々

青ねぎ・三つ葉・
ゆず皮　各少々

point

そうめんや春雨を入れてもおいしい。

作り方

1 青ねぎは小口切りにする。三つ葉は刻む。ゆで鶏のゆで汁を鍋に入れて温め、塩で味を調える。

2 1をうつわに注ぎ、青ねぎと三つ葉、ゆず皮を添える。

ARRANGED RECIPE

じゃがいもと玉ねぎのバタ蒸し煮から

じゃがいものポタージュ

寒い時季に恋しくなるポタージュも、じゃがいもと玉ねぎのバタ蒸し煮があればあっという間に完成です。ひとくち飲むと、胃も心もぽかぽかです。

材料（2人分）

じゃがいもと玉ねぎのバタ蒸し煮 100g
水・牛乳 各1/2カップ
塩・粗びき黒こしょう 各少々
ディル お好みで

作り方

1 じゃがいもと玉ねぎのバタ蒸し煮と水、牛乳を鍋に入れて弱火で温める。

2 じゃがいもの芯まで温まったらミキサーにかける。

3 なめらかになったら鍋に戻し入れて温め、塩で味を調える。うつわに盛り、こしょうとディルを散らす。

point

さわやかな香りのディル（左）はじゃがいも料理との相性がいい。手に入らない場合はイタリアンパセリ（右）でもOK。

塩玉キャベツから

キャベツとトマトの重ね煮

30年近く作り続けているわが家の定番料理です。
発酵が進んで酸味が出た
塩玉キャベツで作るのがおすすめ。
ベーコンの質が仕上がりを決めるので、
おいしいベーコンを使いましょう。

材料（2人分）

塩玉キャベツ　2カップ
トマト（大）　1個
ベーコン　3〜4枚
にんにく　1かけ
ローリエ　1枚
白ワイン　大さじ2
水　1と½カップ
塩　少々
粗びき黒こしょう　少々

point

少ない水分で蒸し煮にすることによって、野菜とベーコンから旨みが出ておいしいスープになる。

作り方

1 トマトは8等分のくし型切りにする。ベーコンは4cm幅に切る。にんにくはつぶす。塩玉キャベツは軽く汁気を切る。

2 塩玉キャベツ、トマト、ベーコンの順番で鍋に半量入れ、その上に残りの半量を同様にして重ねて入れる。

3 にんにく、ローリエ、白ワインと水を入れ、火にかける。沸騰したらふたをして、弱火で10分煮る。

4 塩で味を調え、こしょうをふる。

ARRANGED RECIPE

ゆで豚から

焼きねぎとわかめのスープ

長ねぎの表面を香ばしく焼き付けて、スープでとろりと煮込みます。わかめをメインとして食べるぐらいの気持ちでたっぷり入れるのが、おいしさの秘訣です。

材料（2人分）

長ねぎ　30cm
塩蔵わかめ　20g
ゆで豚のゆで汁
1カップ
水　1/2カップ
ごま油　小さじ1/2
塩・粗びき黒こしょう
少々
白炒りごま　2つまみ

作り方

1 長ねぎは6等分に切り、両面に細かく包丁目を入れる。わかめは塩を洗い流して水に漬けて戻し、食べやすい長さに切る。

2 鍋にごま油と長ねぎを入れて中火にかけ、長ねぎに焼き色が付くまでころがしながら焼く。

3 ゆで汁と水を加えて長ねぎが柔らかく煮えたら、わかめを加える。ひと煮立ちしたら塩で味を調える。

4 うつわに盛り、こしょうとごまをふる。

point

長ねぎに切れ目を入れることで味がしみこみやすく、火の通りがよくなる。

ARRANGED RECIPE

ねぎきのこから　ゆで豚から

きのこ豚汁

ゆで豚のゆで汁を使うから、だしを使わなくてもおいしい豚汁ができます。野菜はさっと煮て、みそを入れたら火から下ろしていったん冷ますと、味がぐんとしみこみます。

材料（2人分）

ねぎきのこ　1/2カップ
ゆで豚　40g
ゆで豚のゆで汁
150ml
水　150ml
ごぼう　20cm
長ねぎ　10cm
にんじん 4cm
油揚げ　1/2枚
しょうが　ひとかけ
みそ　適量
一味唐辛子　お好みで

作り方

1 ゆで豚は薄く切ってから短冊切りにする。ごぼうはささがき、長ねぎは1cmのぶつ切り、にんじんと油揚げは短冊切り、しょうがはせん切りにする。

2 鍋にゆで豚とゆで汁、水、ごぼう、にんじん、長ねぎ、しょうがを入れて火にかける。ひと煮立ちしたらねぎきのこと油揚げを入れ、みそ適量を加えて味を調える。

3 お好みで一味唐辛子をかける。

point

豚汁に加える野菜は冷蔵庫にあるものでOK。玉ねぎや大根、じゃがいも、里芋を入れてもおいしい。

column
4

料理上手は段取り上手

おかずのもとが作ってあっても、段取りが悪いと時間がかかるだけでなく、仕上がりの味にも影響してきます。時間がないときのごはん作りほど、きちんと段取りをしておくことで、調理がはかどります。

調理の鉄則

その1
調理の前に調理台やコンロに出ているいらないものを片づける。

その2
切った材料を使う順にバットやボウルに並べておき、使ったまな板はすぐに洗って片づける。

その3
調味料は使う分量を取り出しておく。

その4
盛りつけるうつわを出しておく。

その5
食卓を整える。

一見、大変なように感じますが、この段取りをしておくことで、調理の途中で足りないものを探すために何度も冷蔵庫を開けたり、調味料を量りながら鍋に加えていたら焦がしてしまった……なんてことが避けられます。

煮物であれば、煮込んでいる間に洗い物もできますから、調理後は、空になったお鍋を洗うだけ。

かくいう私も散らかし魔なので、いつも「まずは片づけて…」と自分にいい聞かせながら調理を始めるようにしています。

段取り上手になれば、きっとおいしいごはんが作れると思います！

おかずのもと
で作る
アレンジレシピ

どんぶり
&
ごはんもの
6品

おなかが減っているときほどおいしい、
満足感たっぷりのレシピを紹介します。

ゆで鶏から

親子丼

卵をたっぷり使った親子丼は至福の味。
だしに水溶き片栗粉でとろみをつけてから
溶き卵を流し入れると、
とろとろに仕上がります。
香りのいい三つ葉と粉山椒をお忘れなく。

材料（2人分）

ゆで鶏（もも） 120g
卵　4個
だし　160ml
同割りだれ（薄口）※
　大さじ5
水溶き片栗粉
　片栗粉　小さじ1
　水　小さじ1
三つ葉　4本
粉山椒　お好みで
ごはん　どんぶり2杯
※同割りたれはP74参照

作り方

1 ゆで鶏は小さめのひと口大に切る。卵は溶きほぐす。三つ葉は2cmのざく切りにする。

2 鍋にだしと同割りだれ、ゆで鶏を入れて火にかける。沸いてきたら箸でかき混ぜながら水溶き片栗粉をまわし入れて、軽くとろみをつける。

3 **2**に溶き卵をまわし入れて、卵がかたまってきたところから箸で軽くかき混ぜる。

4 三つ葉を加えて8割がた火が通ったら、うつわに盛ったごはんにかけ、お好みで粉山椒を散らす。

point

鍋のふちから卵に火が通るので、煮えたところと中心の煮えていないところを入れ替えるように、箸で混ぜながら火を通す。

ARRANGED RECIPE

オイルサーディンから

サーディン丼

オイルサーディンと玉ねぎを甘辛い醤油だれで煮絡めてどんぶりにしました。青じその香りと七味唐辛子が利いて、ごはんが進むおいしさです。

材料（2人分）

オイルサーディン
4尾
オイルサーディンのオイル　大さじ2
玉ねぎ　1/2個
長ねぎ　1/2本
青じそ　6枚
同割りだれ（濃口）※
大さじ4
ごはん　どんぶり2杯
七味唐辛子
お好みで

※同割りたれはP74参照

作り方

1 玉ねぎは繊維に沿って5㎜幅に切る。長ねぎは縦半分に切ってから5㎜の斜め切りにする。

2 フライパンにオイルを入れて中火にかけ、玉ねぎと長ねぎを炒める。

3 玉ねぎがしんなりしたら、オイルサーディンを入れる。ペーパータオルで軽く油を吸わせて取り、同割りだれを加えて軽く煮立たせる。

4 たれに照りが出たら火から下ろし、うつわに盛ったごはんにのせる。青じそを手でちぎってのせ、お好みで七味唐辛子をかける。

point

油が多いと仕上がりがくどくなるので、ペーパータオルに適度に吸わせてからたれを入れるようにする。

ARRANGED RECIPE

醤油ミンチから

サラダごはん

生野菜をたっぷり食べたいけれど、サラダだけでは物足りない、というときにおすすめ。生野菜は冷蔵庫にあるものでOK。満足感があるのにとってもヘルシーです。

材料（2人分）

醤油ミンチ　大さじ8
レタス　6枚
セロリ（茎）　15cm
みょうが　2個
赤玉ねぎ　1/6個
パクチー　2株
炒りピーナッツ　大さじ2
ごはん　どんぶり2杯

A
- ナンプラー・レモン汁　各大さじ1と1/2
- 水　大さじ1
- 砂糖　小さじ1弱
- おろしにんにく　少々
- サラダ油　小さじ1
- 赤唐辛子（みじん切り）　1/2本分

作り方

1 レタスは1cm幅に切る。セロリは2mmの斜め薄切り、みょうがはせん切り、赤玉ねぎは2mmの薄切りにする。パクチーはざく切りにする。ピーナッツは粗く刻む。

2 **A**を混ぜ合わせてたれを作る。

3 うつわにごはんを盛り、レタス、セロリ、みょうが、赤玉ねぎ、パクチー、醤油ミンチをのせて**A**を大さじ1〜2かける。

4 ピーナッツをかけ、よく混ぜ合わせて食べる。

point

醤油ミンチとたれがしっかり混ざり、ごはんがぽろぽろにほぐれるぐらいかき混ぜるのがおいしさの秘訣。

パプリカのトマト煮から

イタリアン牛すき丼

トマトの旨みとバジルの香りが
食欲をそそるイタリアンなどんぶりです。
パプリカのトマト煮を使うから、
野菜を切る手間もトマトを
煮詰める時間もいりません。
お肉の代わりに、サバの水煮や
ツナで作るのもおすすめです。

材料（2人分）

- 牛切り落とし肉　160g
- **パプリカのトマト煮**　$^{3}/_{4}$カップ
- バジルの葉　10枚
- オリーブオイル　大さじ1
- 粗びき黒こしょう　少々
- ごはん　どんぶり2杯
- A｜同割りだれ（濃口）※　大さじ4

※同割りたれはP74参照

作り方

1　鍋にAと食べやすい大きさに切った牛肉を入れてほぐしながら火にかける。

2　牛肉の色が変わってきたらパプリカのトマト煮を加えて中火でさっと煮絡める。照りが出たら火から下ろす。

3　ちぎったバジルを加えて混ぜ合わせ、どんぶりに盛ったごはんの上にのせる。オリーブオイルをまわしかけ、こしょうをふる。

point

牛肉の色が変わり始めたら、パプリカのトマト煮を加えて肉に味を絡めるように煮る。

ARRANGED RECIPE

醤油ミンチから

麻婆丼

ヒリリと痺れる麻婆豆腐はごはんとの相性抜群で、わが家ではいつもどんぶりに。豆腐の代わりに、なすやトマト、長芋で作ってもおいしいですよ。

材料（2人分）

醤油ミンチ　大さじ4
絹ごし豆腐　1丁
長ねぎ　2/3本
しょうが・にんにく　各1/2かけ
豆鼓　小さじ1
豆板醤　小さじ1/2
サラダ油　小さじ2
水　1カップ
砂糖　小さじ1
醤油　大さじ1
塩　少々
水溶き片栗粉
　片栗粉・水　各大さじ1
ごま油　小さじ1/2
辣油　小さじ1/2
花椒（お好みで）　少々
ごはん　どんぶり2杯

作り方

1 豆腐を1.5㎝角に切って、ペーパータオルを敷いたバットにのせて30分ほど水切りする。しょうが、にんにく、長ねぎ、豆鼓《とうち》はみじん切りにする。

2 フライパンにサラダ油としょうが、にんにく、豆鼓を入れて弱火にかける。にんにくの香りが立ってきたら長ねぎの半量を入れて中火で炒める。

3 **2**に醤油ミンチと豆板醤を入れて香りが出てきたら水と砂糖、醤油を加える。

4 豆腐を**3**に入れ、中火で1分ほど煮る。塩で味を調える。

5 水溶き片栗粉をまわし入れて弱火で1分ほど煮たら、残りの長ねぎとごま油を加えて、ひと混ぜして火から下ろす。

6 どんぶりにごはんを盛り、**5**をかけて辣油をたらす。お好みで花椒《ホワジャオ》をふる。

point

豆鼓は、黒豆を塩漬けにして発酵させたもの。料理に深いコクと風味が加わる。手に入らない場合は八丁みそや赤みそで代用する。

ARRANGED RECIPE

オイルサーディンから

イワシと梅ごぼうの炊き込みごはん

梅とごぼうの香りが食欲をそそる炊き込みごはんです。イワシの旨みがごはんにしみて、おいしいのなんの！オイルサーディンを使うから骨まで食べられます。

point

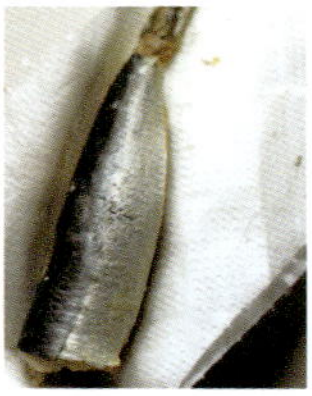

オイルサーディンについた油をペーパータオルで軽く押さえてから使うと、ごはんが油っぽくなるのを防げる。

材料（作りやすい分量）

オイルサーディン　3尾
ごぼう　20cm
米　2合
梅干し　2個
しょうが　2かけ
万能ねぎ　2〜3本
A　日本酒　大さじ1
　塩　小さじ1
　醤油　小さじ2

作り方

1 米をといでザルにあげて30分おく。ごぼうはささがきにして水にさらす。しょうがはせん切りに、万能ねぎは小口切りにする。

2 炊飯器の内釜に米と**A**を入れ、2合分の水加減をする。さっとかき混ぜてから、オイルサーディンとごぼう、梅干しをのせてスイッチを入れる。

3 炊き上がったらしゃもじでオイルサーディンと梅干しを崩しながら、さっくりと混ぜ合わせる。

4 うつわに盛り、万能ねぎとしょうがをのせて食べる。

column
5

ストックしておくと便利な食材

近所に商店街やスーパーがあれば、新鮮なものをその都度買うのがいちばんですが、そうでない場合はそれぞれの方法でストックしておくと便利です。

わが家のストック食材

《油揚げ》 使いやすい大きさに切り分け、ラップに包んで冷凍。

《レモン》 丸ごと冷凍。皮をおろすときは凍ったまま。いったん冷凍してから解凍すると汁がしぼりやすくなる。

《ベーコン・薄切り肉》 使いやすい大きさに切り分け、ラップに包んで冷凍。

《ごはん》 炊きたてを熱いうちにラップでふんわり包んで、冷めてから冷凍。

《中華麺（生）》 小袋に入ったまま冷凍。

《ねぎ》 生のままがおいしいが、使い切れないときは刻んで冷凍しておくと炒め物などの調理時に便利。

《天かす》 お好み焼きやうどんにコクを足してくれる天かすは、ジッパー付きの保存袋に入れて冷凍。

《さつま揚げ・ちくわ》 練りものは冷凍すると食感が変わってしまうが、お肉がないときの炒め物、煮物、あえものにと幅広く使えるので、小分けにして冷凍。

《トマト》 ヘタを取ってポリ袋に入れて冷凍。煮込みに使う場合は、解凍せずにそのまま鍋に入れて調理。

《ちりめんじゃこ》 ラップに包んで小分けにして冷凍。

《バゲット》 使いやすい大きさに切り分け、ラップに包んで冷凍。

《乾麺》 冷凍ごはんがないときのお助け食材。パスタ、うどん、中華麺など。

《トマトの水煮（缶詰）》 フレッシュトマトがないときの調理用として欠かせない。使い切れなかったら、保存袋に入れて冷凍保存。

《ツナのオイル漬け（缶詰）》 あえもの、サラダ、煮物にも使える。

おかずのもと
で作る
アレンジレシピ

麺

5品

おかずのもとがソースや、だしに大変身。
休日のランチやお夜食にもおすすめです。

醤油ミンチから

汁なし坦々麺

たれと肉みそが麺に絡むように、よーく混ぜ合わせてから食べるのがお約束。喉の奥まで痺れるような花椒をたっぷりかけて食べるのがたまりません。

材料（2人分）

中華麺（細麺）　2玉
万能ねぎ　2本
パクチー　1株
炒りピーナッツ　大さじ2
ごま油　小さじ1
花椒　お好みで

肉みそ（作りやすい分量）

- **醤油ミンチ**　大さじ10
- 長ねぎ　10cm
- しょうが・にんにく　各1/2かけ
- 豆板醤　小さじ1/2
- 甜麺醤　小さじ1
- サラダ油　大さじ1

たれ（作りやすい分量）

- 練りごま　大さじ1と1/2
- 醤油　大さじ4
- 黒酢　小さじ2
- 辣油　小さじ1/2
- 花椒　小さじ1/4

作り方

1 鍋にたっぷりの湯を沸かす。万能ねぎは小口切り、パクチーはざく切りにする。長ねぎ、しょうが、にんにくはみじん切りにする。ピーナッツを刻む。たれの材料を混ぜ合わせる。

2 肉みそを作る。フライパンにサラダ油としょうが、にんにくを入れて弱火にかけ、香りが立ったら長ねぎと醤油ミンチを加えて炒める。

3 長ねぎがしんなりしたら、豆板醤、甜麺醤《テンメンジャン》の順に加えて香りよく炒め合わせる。肉みその完成。

4 中華麺を好みの固さにゆでて湯切りをする。どんぶりに麺と麺のゆで汁大さじ1、ごま油小さじ1/2、たれ大さじ1強を入れてあえる。

5 **4**に肉みそ大さじ2強、万能ねぎ、パクチー、ピーナッツをのせ、お好みで花椒《ホワジャオ》をかける。

point

花椒は、四川料理で使われる痺れるような辛みの山椒。ぐっと本格的な味わいになる。

ARRANGED RECIPE

ゆで豚から

和風ラーメン

胃が疲れているときでも食たくなる、すっきり味。かつおだしが利いた懐かしい味わいの、わが家定番のラーメンです。

材料（2人分）

ゆで豚（3mm厚）6〜10枚
ゆで豚のゆで汁・だし各 2カップ
中華麺　2玉
長ねぎ　適量
ほうれん草　1株
塩　少々
こしょう　お好みで
A ｜日本酒 大さじ4
　｜醤油 大さじ3
　｜砂糖 小さじ1と½

作り方

1 小鍋に**A**とゆで豚を入れ、弱火で5分ほど煮て自然に冷ます。鍋にたっぷりの湯を沸かす。

2 長ねぎは小口切りにする。ほうれん草は**1**の鍋でさっとゆでて（麺もゆでるので湯は捨てない）水にさらし、4cmの長さに切る。麺をゆで始める。

3 鍋にゆで豚のゆで汁とだし、**1**のゆで豚を煮た醤油だれを入れて温め、塩で味を調える。

4 温めたどんぶりに、湯をしっかり切った中華麺を入れて**3**を注ぎ、煮豚、長ねぎ、ほうれん草をのせる。お好みでこしょうをふる。

point

ゆで豚を煮たたれは、肉の旨みがしみ出ているので余すことなくスープに使う。多めに仕込んでおいて、ごはんにのせて食べてもおいしい。

ARRANGED RECIPE

ゆで鶏から

鶏そば

具材をゆで鶏と青ねぎだけにして、シンプルに仕上げました。身体の芯まで冷えたときに食べると、胃袋にじゅわ～っとしみ込むようなやさしい味わいです。

材料（2人分）

ゆで鶏（むね肉）　適量
ゆで鶏のゆで汁　500ml
中華麺（乾麺もしくは生麺）　2束
青ねぎ　1本
水　1カップ
日本酒　大さじ2
薄口醤油　小さじ1
塩　適量
ゆずこしょう　お好みで

作り方

1 ゆで鶏は5㎜の厚さに切る。青ねぎは斜め薄切りにして水にさらす。麺をゆでるための湯をたっぷり沸かす。

2 鍋にゆで鶏のゆで汁と水、日本酒を入れて火にかけ、沸いたら薄口醤油を加えて塩少々で味を調える。

3 たっぷりの湯で麺をゆで、湯をしっかり切ってどんぶりに入れる。**2**にゆで鶏をさっとくぐらせて温め、麺の上にのせてスープを注ぐ。

4 水気を切った青ねぎと、お好みでゆずこしょうをのせる。

point

ゆで鶏を切ってからスープで煮込むと固くなるので、さっとくぐらせて温める程度にする。

ねぎきのこから

きのことミニトマトのスパゲッティ

和風の味付けで仕上げたねぎきのこですが、トマトやにんにくを加えると、イタリアンに大変身！　ベーコンを加えてもおいしいですよ。

材料（2人分）

ねぎきのこ　1カップ
ミニトマト　10個
玉ねぎ　1/3個
スパゲッティ
（あればリングイネがおすすめ）　160g
塩　適量
A
にんにく　1かけ
赤唐辛子　1本
オリーブオイル　大さじ2

作り方

1 玉ねぎは薄切り、ミニトマトは4等分にする。にんにくはつぶし、赤唐辛子は半分にちぎって種を取り除く。

2 鍋にたっぷりの湯を沸かし、塩（水2ℓに対して大さじ1と1/2）を加えてスパゲッティをゆで始める。

3 フライパンにAを入れて弱火にかけ、にんにくの香りが出てきたら玉ねぎを加える。ミニトマト、塩小さじ1/2を加えてさらに炒める。

4 ミニトマトが崩れてきたら、ねぎきのこ、固めにゆで上げたスパゲッティ、ゆで汁（100㎖）を加える。

5 中火でフライパンをゆすりながらスパゲッティに味をなじませ、最後に塩で味を調える。

point

パスタは固めにゆであげ、トマトが溶け込んだ汁を吸わせるようにして火を通し、好みの固さに仕上げる。

ARRANGED RECIPE

オイルサーディンから

イワシとセロリのパスタ

イワシの旨みを吸わせたパスタに、レモンをしぼって。セロリの香りとアーモンドのカリッとした食感が加わり、おいしさを際立たせます。

作り方

1 セロリは5㎜の斜め切りにする。赤唐辛子は種を取って半分にちぎる。レモンは半分に切り、アーモンドは粗く刻む。

2 鍋にたっぷりの湯を沸かし、塩（水2ℓに対して大さじ1と1/2）を加えてスパゲッティをゆで始める。

3 フライパンにオイルと赤唐辛子を入れて弱火にかける。赤唐辛子の香りが出てきたらセロリを加えて中火で炒める。

4 セロリに透明感が出たらオイルサーディンを加えてざっくりとほぐす。

5 4に、まだ少し芯が残っているぐらいのスパゲッティとゆで汁100㎖を入れ、さっと混ぜる。

6 フライパンをゆすってスパゲッティに汁気を吸わせるようにしながら、好みの固さになるまで火を通し（汁気が減ってきたらゆで汁を適宜足す）、塩で味を調える。

7 うつわに盛り、オリーブオイルをまわしかけ、イタリアンパセリとアーモンドを散らす。レモンをしぼって食べる。

材料（2人分）

- **オイルサーディン**　2尾
- セロリ（茎）　1本
- **オイルサーディンのオイル**　大さじ2
- ローストアーモンド（無塩）　8粒
- 赤唐辛子　1/2〜1本
- イタリアンパセリ（みじん切り）　1本分
- レモン　1/4個
- スパゲッティ　160g
- 塩　適量
- オリーブオイル（仕上げ用）　少々

point

フライパンの中でセロリとオイルサーディンの旨みをパスタに吸わせながら火を通すので、固めにゆでる。

column 6

「切って保存」が便利です

調理時の切る手間、量る手間、すりおろす手間は意外と面倒なもの。そこで、あらかじめすぐ使える状態にして保存しておくのがおすすめです。

にんにく・しょうが

にんにくやしょうがは、みじん切りやすりおろしにして保存しておくと、すぐに使えて便利です。

《にんにくオイル漬け》

みじん切りにしたにんにくを、かぶるぐらいのサラダ油に漬けておくと、油ごと炒め物などに使えて便利です。冷蔵庫に入れておけば1か月ぐらい保存が利きます。

《おろしにんにく、おろししょうが》

1　ラップに包んで薄く伸ばし、あとで割りやすいように筋をつけて冷凍しておきます。

2　凍ってから、使いやすい大きさに必要な分だけパキッと割って使います。

3　せん切りや薄切りも小分けにしてラップで包み、冷凍しておくと便利です。

1

2

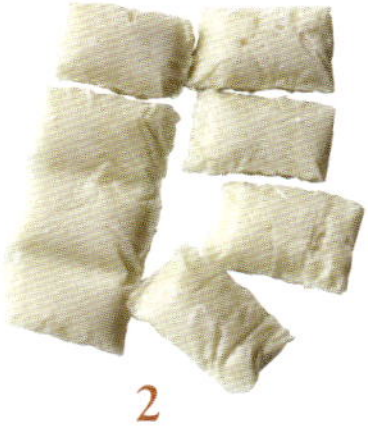

3

バター

バターは、10g単位で切り分けて保存容器に入れておくと、調理の度に計量する手間が省けます。

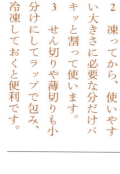

おかずのもと
で作る
アレンジレシピ

エスニック
6品

おうちで作ったことがない料理でも、
作ればハマってしまうかも。異国の味を家庭でどうぞ。

ゆで鶏から

フォーガー

暑い夏に汗をかきかき食べたいフォーガー。ゆで鶏を仕込んでおけば、ゆで汁がスープとなって手軽に作れます。野菜はレタスなどお好みでどうぞ！

材料（2人分）

ゆで鶏（むね肉）　適量
フォー　160g
もやし　1/2袋
赤玉ねぎ　1/6個
ライム　1/4個
パクチー　2株
赤唐辛子　1/2本
粗びき黒こしょう　少々

A
- **ゆで鶏のゆで汁**　4カップ
- ナンプラー　小さじ2
- 塩　少々

point

フォーはベトナムの平打ちの米麺。手に入らなければ、稲庭うどんやきしめんで作ってもおいしい。

作り方

1 フォーはぬるま湯に10分ほど漬けて戻す。ゆで鶏は5㎜の厚さに切る。

2 赤玉ねぎは2㎜の薄切り、パクチーはざく切り、ライムは2等分にする。赤唐辛子は種を取って水で戻し、輪切りにする。

3 鍋にたっぷりの湯を沸かし、戻したフォーを入れて好みの固さにゆでる。しっかりと湯を切ってどんぶりに入れる。

4 **A**を鍋に入れて温め、ゆで鶏をさっとくぐらせる。**3**にゆで鶏、もやし、赤玉ねぎ、赤唐辛子、パクチーをのせて**A**を注ぐ。

5 こしょうをふり、ライムを搾って食べる。

ARRANGED RECIPE

ゆで鶏から

カオマンガイ

ゆで鶏で作るカオマンガイは、火を通し過ぎないので身がしっとりとジューシーな仕上がりに。たれだけ作ってゆで鶏に野菜を添えれば、前菜にも。

材料（2人分）

ゆで鶏（もも肉）　1枚
米　1合
きゅうり　1本
パクチー　適量

A
- **ゆで鶏のゆで汁**　1合
- 塩　小さじ$\frac{1}{4}$
- パクチーの根（あれば）　適量

B
- 醤油　大さじ2
- しょうが（みじん切り）　小さじ2
- おろしにんにく　少々
- 酢　大さじ1
- 砂糖　小さじ2
- 赤唐辛子　1本

作り方

1 きゅうりは5㎜の細切り、パクチーはざく切りにする。赤唐辛子は種を取り、水で戻してみじん切りにする。米をといでザルにあげる。

2 炊飯器の内釜に米と**A**を入れてさっと混ぜスイッチを入れる。**B**を混ぜ合わせてたれを作っておく。

3 炊き上がったごはんの上にゆで鶏をのせてすぐにふたをして10分間蒸らす。

4 ゆで鶏を取り出して食べやすい大きさに切り分ける。皿にごはん、ゆで鶏、きゅうり、パクチーを盛り、混ぜ合わせた**B**のたれをかけて食べる。

point

ごはんを炊くとき、パクチーの根を一緒に入れると香りが移っていっそうおいしくなる。

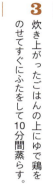

ゆで鶏から

マサラチキン

ゆで鶏をスパイス入りのヨーグルトだれに絡め、タンドリーチキン風に焼き上げます。加熱済みのゆで鶏を使うので、生焼けの心配がありません。

材料（2人分）

ゆで鶏（むね肉）　1枚
赤玉ねぎ　1/4個
レモン　1/4個

A
ヨーグルト（無糖）　大さじ3
おろしにんにく・おろししょうが・ケチャップ・ガラムマサラ・カレー粉・パプリカパウダー・　各小さじ1/2
サラダ油　小さじ1
塩　小さじ1/4
こしょう　少々

point
ゆで鶏の水気をしっかりぬぐってからAをもみ込むと、調味料のなじみがよくなる。

作り方

1 ゆで鶏は皮を取ってひと口大に切る。赤玉ねぎは2㎜の薄切りにして水にさらして水気を切る。レモンは半分に切る。オーブンを230度で予熱する。

2 Aとゆで鶏をボウルに入れてもみ込み、10分おいて味をなじませる。

3 天板にクッキングシートを敷き、**2**を間隔をあけて並べる。オーブンに入れて焼き色が付くまで10分ほど焼く。

4 皿に赤玉ねぎを敷いて**3**をのせ、レモンを添える。

ARRANGED RECIPE

ゆで卵と野菜のピクルスから

ゆで卵とトマトのバジル炒め

この炒め物は、ほどよい酸味とバジルの香りが食欲をそそります。ごはんにも、お酒にもぴったりです。

材料（2人分）

ゆで卵のピクルス　2個
にんにくのピクルス　1かけ
豚ばら肉薄切り　60g
トマト　1個
バジルの葉　10枚ぐらい
サラダ油　小さじ2
赤唐辛子（輪切り）　小さじ1/2
片栗粉　適量
塩　適量
A
ナンプラー・水　各小さじ1
砂糖　小さじ1/2

作り方

1 ゆで卵は4等分に切り、片栗粉をまぶす。にんにくはせん切りにする。豚肉は3㎝幅に切る。トマトは8等分のくし型切りにする。

2 中火で熱したフライパンにサラダ油を入れてなじませ、ゆで卵を黄身のほうから焼く。カリッと焼けたら取り出しておく。

3 同じフライパンに豚肉と塩ひとつまみを入れて炒め、脂が出てきたらにんにくと赤唐辛子を入れる。

4 肉に火が通ったらトマトを入れる。トマトに火が入り、角が取れてきたら**A**をまわし入れてゆで卵を戻して炒め合わせる。

5 とろりとしてツヤが出てきたら、火から下ろし、バジルをちぎって入れる。ざっとかき混ぜてうつわに盛る。

point

ゆで卵の白身と黄身がバラバラにならないように片栗粉をしっかりまぶす。

醤油ミンチから

じゃがいもと玉ねぎのバタ蒸し煮から

スティックサモサ

インド料理のサモサを
春巻きの皮を使って
スティック状に仕上げました。
カレー粉とガラムマサラを
利かせているので味は本格的。
小腹が空いたときや、
ホームパーティーのおつまみに
ぴったりです。

材料（2人分）

じゃがいもと玉ねぎの
バタ蒸し煮　200g
醤油ミンチ　大さじ2
パセリのみじん切り　大さじ1
カレー粉　小さじ2/3
ガラムマサラ　小さじ1/3
塩　ひとつまみ
春巻きの皮　8枚
ケチャップ　適量
揚げ油　適量
のり
薄力粉・水　各大さじ1

作り方

1 春巻きの皮とケチャップ以外の材料を耐熱の容器に入れて電子レンジで軽く温め、フォークで潰す。のりの材料を混ぜ合わせておく。

2 春巻きの皮の手前に8等分にした**1**を細長くおき、左右と奥の縁にのりを塗って手前からくるくると巻く。

3 巻き終わりと両端を指で押さえて止める。

4 180度に熱した油に入れ、こんがりと色付くまで揚げる。お好みでケチャップをつけて食べる。

point
揚げ始めは激しく泡が立つが（写真左）、泡が落ちついたら揚がっている証拠。

ARRANGED RECIPE

ゆで卵と野菜のピクルスから

アドボ

アドボは、フィリピンではおなじみの家庭料理。酢の力でお肉をほろっと柔らかく仕上げます。ピクルス液までムダなく使えるレシピです。

point

1の工程は厚手のポリ袋を使うのがおすすめ。少ない調味料でも鶏肉全体にいきわたる。

材料（2人分）

ゆで卵のピクルス　2個
玉ねぎのピクルス　4切れ
大根のピクルス　4本
にんじんのピクルス　4本
鶏もも肉（骨付き／水炊き用のぶつ切りでもOK）2本
パクチー　適量
ごはん　適量

A
酢　$\frac{1}{2}$カップ
醤油　大さじ5
砂糖　大さじ1と$\frac{1}{2}$
にんにく（つぶす）2片

B
ピクルス液　1と$\frac{1}{4}$カップ
水　1カップ

作り方

1 鶏もも肉を関節のところで半分に切り、**A**に2～3時間漬けこむ。パクチーはざく切りにする。

2 **1**を漬け汁ごと鍋に入れ、玉ねぎのピクルスと**B**を入れて強火にかける。沸騰したらアクを取り、ふたをして弱火で30分煮る。

3 残りのピクルスを加え、ふたを少しずらして20分煮る。

4 ごはんと一緒に皿に盛り、パクチーを添える。

おかずのもと

で作る

アレンジレシピ

パン

5品

マンネリになりがちな朝食のパンも、
簡単なアレンジでこんなに充実するんです！

塩玉キャベツから

ホットドッグ

乳酸発酵が進んで酸味が出てきた塩玉キャベツで作るホットドッグは、クセになるおいしさ。ちょっとジャンクな味になりますが、カレー粉とウスターソースが味の決め手なので、お忘れなく。

材料（2人分）

塩玉キャベツ　2つかみ
ソーセージ　2本
ホットドッグ用パン　2個
サラダ油　小さじ1
カレー粉　小さじ1/2
ウスターソース　小さじ1
ケチャップ　適量
粒マスタード　適量

作り方

1 塩玉キャベツは手で軽くしぼって汁気を切る。パンは切れ目を入れてオーブントースターで温める。

2 中火で熱したフライパンにサラダ油を引き、ソーセージをこんがりと焼く。同じフライパンで塩玉キャベツを炒め、温まってきたらカレー粉をふりかけて炒める。香りが出てきたらウスターソースを加えてさっと炒めて、火から下ろす。

3 パンの切れ目を開いて炒めたキャベツとソーセージを挟み、ケチャップと粒マスタードをかけて食べる。

point
サラダ油、カレー粉、ソースをまぶした塩玉キャベツとソーセージをアルミ箔にのせて、オーブントースターで焼いてもいい。

ARRANGED RECIPE

ゆで卵と野菜のピクルスから

たまごサンド

「食べたい！」と思い立ってすぐに作れるのは、ゆで卵のピクルスがあればこそ。トーストしたパンで作るのがお気に入りです。

材料（2人分）

ゆで卵のピクルス　2個
玉ねぎのピクルス　1切れ
マヨネーズ　大さじ2
こしょう　少々
バター　適量
食パン（8枚切り）　4枚

付け合わせ

大根・にんじん・きゅうりのピクルス
各2本

作り方

1 ゆで卵と玉ねぎのピクルスはみじん切りにしてボウルに入れ、マヨネーズとこしょうを加えて混ぜ、卵ペーストを作る。バターを常温に戻す。

2 食パンの耳を切り落とし、2枚ずつ重ね合わせてオーブントースターで外側だけをこんがりと焼く。パンの内側にバターを塗り、卵ペーストをまんべんなく塗り広げて重ね合わせる。

3 食べやすい大きさに切り、付け合わせのピクルスを添える。

point

ゆで卵と玉ねぎを細かく刻んで作るとふんわりとした卵ペーストになり、柔らかい食パンとの相性がよくなる。

ARRANGED RECIPE

ゆで卵と野菜のピクルスから

まぐろのブルスケッタ

まぐろとピクルスを細かく切って
ガーリックトーストにのせるだけ。
仕上げのパラリと散らしたレモンの皮が
アクセントなので、お忘れなく。

材料（2人分）

大根・きゅうりのピクルス
各2本
まぐろ（赤身）　60g
バゲット　1cm厚×6枚
塩　適量
オリーブオイル　大さじ1
にんにく　1/2かけ
レモンの皮のすりおろし
少々（できれば無農薬のもの）

作り方

1 まぐろのさくの両面に塩をひとつまみずつふりかける。冷蔵庫に入れて30分ほどおき、出てきた水気をペーパータオルで押さえる。

2 ピクルスは5㎜角に切ってペーパータオルに包んで水気を取る。まぐろも5㎜角に切るか、包丁で叩いてピクルスと同じぐらいの大きさにする。

3 2をボウルに入れ、オリーブオイルであえる。

4 バゲットをオーブントースターでカリッと焼き、にんにくの切り口をこすりつける。

5 4に3をのせてレモンの皮を散らす。

point

まぐろに軽く塩をあてておくと、余分な水分が抜けて旨みが増す。

塩玉キャベツから

ハムキャベサンド

塩玉キャベツをサンドイッチに使うと、生のキャベツでは味わえないザクザクした食感とみずみずしさが味わえます。手間いらずで、忙しい朝にもってこいです。

材料（2人分）

塩玉キャベツ　2カップ
イギリスパン　4枚
ロースハム　6枚
バター　10g
マヨネーズ　大さじ3
粒マスタード　大さじ1
粗びき黒こしょう　少々
ピクルス　お好みで

point

マヨネーズ大さじ1杯は、パンに軽く押し付けるようにして絞り出す。直径3cmぐらいが目安。

作り方

1 塩玉キャベツは両手に挟んで水気をしっかりしぼる。

2 パンは2枚ずつ重ね合わせて、グリルパンかオーブントースターで外側だけをこんがりと焼く。

3 パンの内側にバター、マヨネーズと粒マスタードを塗る。ロースハムとキャベツをのせてこしょうをふる。

4 パン2枚を重ねてぎゅっと押さえ、食べやすい大きさに切る。お好みでピクルスを添える。

ARRANGED RECIPE

オイルサーディンから

イワシサンド

トルコ名物・サバサンドをイメージして作りました。ぎゅっとしぼったレモンの香りが食欲を増進させます。

材料（2人分）

オイルサーディン　2尾
バゲット　20cm
レタス　2枚
赤玉ねぎ　1/4個
オリーブオイル　少々
レモン　1/4個
A｜クミンパウダー・パプリカパウダー　各小さじ1/2

作り方

1 赤玉ねぎは薄切りに、レモンは半分に切る。レタスは冷水に漬けてパリッとさせ、水気を押さえて取る。

2 バゲットは切れ目を入れて、直火で炙るか、オーブントースターで軽く焼いて皮をパリッとさせる。

3 フライパンを中火で熱し、オイルサーディンを入れて焼く。両面に**A**をふり、油をペーパータオルでふき取りながら皮目を香ばしく焼く。

4 バゲットにレタスと赤玉ねぎ、オイルサーディンをはさむ。オリーブオイルをかけレモンをしぼって食べる。

point

油をふき取りながら焼くと、皮が香ばしく仕上がる。

おわりに

この本を作る中で、10品の「おかずのもと」を何度も繰り返し作りました。
その度にアレンジメニューも毎日のように作って食べていましたが、
不思議と飽きることがありませんでした。

それは、同じ「おかずのもと」を使っても、
疲れている日は、胃が休まるようなおかずに、
暑い日は、さっぱりしたサラダに、
おいしいワインを開けた日は、ビストロ風に……と、
その日の気分や体調、気候に合わせたアレンジができたからだと思います。

つまり、完成品の「常備菜」や「作りおき」とは違って、
少し手をかける余地を残すことで、
いろいろな食材との組み合わせの幅が広がり、
自分や家族の食べたいおかずや味にアレンジできるのが
この「おかずのもと」のいいトコロなのです。

ごはん作りって、時間がかかったり、
レシピが複雑だったり、使う材料が多過ぎたりすると、
たとえおいしくできても、食べるころにはぐったりしてしまいます。
だからといって、買ってきたお惣菜で済ませたり、手を抜いて作ると、
お腹はふくれるけど、満足感がない！　幸福感がない！
と感じたりもします。
でも、「おかずのもと」で手早く作って、
しかもオットや友人たちに「おいしい！」といわれると、
お腹が満たされるだけでなく、ココロも満たされて
「また作っちゃおう！」と、頑張る気になるのです。
「おかずのもと」があなたのごはん作りのお役に立てますように……。

こてらみや

お問い合わせについて

本書に関するご質問や正誤表については、
下記のWebサイトをご参照ください。

刊行物Q&A

http://www.shoeisha.co.jp/book/qa/

正誤表

http://www.shoeisha.co.jp/book/errata/

インターネットをご利用でない場合は、FAXまたは郵便にて、
下記"翔泳社 愛読者サービスセンター"まで
お問い合わせください。

宛先

〒160-0006 東京都新宿区舟町5
(株)翔泳社 愛読者サービスセンター
FAX 03-5362-3818

電話でのご質問は、お受けしておりません。

こてらみや

フードコーディネーター、料理家。京都生まれ。子どものころから台所仕事に親しみ、母のごはん作りを手伝ったり、料理番組や料理本を見ては、家族や友人のために腕をふるっていた。上京後、フードコーディネーターのアシスタントを経て独立。以来、料理制作、スタイリングなど、食の総合的なコーディネーターとして活動。特に、スパイスや香味野菜など"香り"を生かした料理や、お酒に合わせたおつまみに定評がある。著書に『魔法のびん詰め』(三笠書房)、『今日はごちそう! こてらみやのしあわせ週末ごはん』(ワニブックス)など。

blog「オサルノビタミン」 http://blog.livedoor.jp/osarunobitamin/
Instagram osarumonkey

企画・構成…ハタヤマノブヤ(東京図鑑) **料理・スタイリング・撮影**…こてらみや
デザイン…芝 晶子(文京図案室) **編集**…江口祐樹

おかずのもと

アレンジ自在で毎日おいしい!

2018年4月11日 初版第1刷発行

著者
こてらみや

発行人
佐々木幹夫

発行所
株式会社 翔泳社
http://www.shoeisha.co.jp

印刷・製本
株式会社 廣済堂

ISBN978-4-7981-5228-8
Printed in Japan

※本書へのお問い合わせについては、126ページに記載の内容をお読みください。

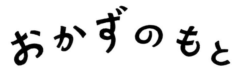